迈向明天

——特殊学校转型的创新与实践

董欣 著

辽宁师范大学出版社

·大连·

ⓒ 董欣　2020

图书在版编目（CIP）数据

迈向明天：特殊学校转型的创新与实践 / 董欣著. -- 大连：辽宁师范大学出版社, 2020.12
ISBN 978-7-5652-3396-8

Ⅰ.①迈… Ⅱ.①董… Ⅲ.①特殊教育－学校管理－研究－中国 Ⅳ.①G769.2

中国版本图书馆CIP数据核字(2020)第240454号

Maixiang Mingtian —Teshu Xuexiao Zhuanxing De Chuangxin Yu Shijian
迈向明天——特殊学校转型的创新与实践

出 版 人：王　星
责任编辑：孙晓艳
责任校对：刘臣臣
装帧设计：周佰惠

出 版 者：辽宁师范大学出版社
地　　址：大连市黄河路850号
网　　址：http：//www.lnnup.net
　　　　　http：//www.press.lnnu.edu.cn
邮　　编：116029
营销电话：（0411）84206854　84215261　82159912（教材）
印 刷 者：辽宁新华印务有限公司
发 行 者：辽宁师范大学出版社

幅面尺寸：170mm×230mm
印　张：10
字　数：180千字

出版时间：2020年12月第1版
印刷时间：2020年12月第1次印刷
书　　号：ISBN 978-7-5652-3396-8

定　　价：32.00元

序

大连，素有"北方明珠"之誉。天蓝水碧，风和日煦，柳绿花红。甘井子区是大连市内四区之一，它东、南临黄海，北濒渤海，西南毗邻闻名遐迩的旅顺口区，甘井子区特殊教育中心就坐落在该区中心地带。2017年始，由于工作的关系，我来到了大连，走进了甘井子区特殊教育中心，零距离地感受了这所学校细微处之美和内涵之丰富。特教中心新颖别致的建筑、花园式的校园、宽敞明亮的教室、先进的仪器设备给我留下了美好而深刻的印象。随着往来次数的增多，我对董欣校长的了解也进一步加深，董欣校长的超前意识、执着意志、敬业情怀和引领能力着实让我欣赏不已。在董欣校长的带领下，教师们积极阳光、朝气蓬勃，他们的无私奉献和拼搏精神令我肃然起敬。这所学校先进的理念、宏观的思维、开放的眼界、博大的胸怀、精细的管理、满溢的爱心都与这座城市息息相关、相互托衬、和谐与共，将这座城市的外在华丽与内在隽秀演绎得淋漓尽致，诠释得透彻心扉。

2015年，大连市甘井子区被教育部确定为"国家特殊教育改革实验区"，承担随班就读、送教上门和医教结合三个实验项目。2016年，甘井子区教育局启动融合教育学校校长共同体建设工作，成立了"名校长工作室"，董欣校长兼任工作室主任一职。在她的带动和助推下，特教中心围绕"领导力共同体"建设，启动了集学生康复、教师培养为一体的"亮星计划"，形成了"专业＋特色"的融合教育发展模式及促进普特教教师专业成长、合作推进随班就读的大工作格局。2017年9月，我有幸受约分别为特教中心教师、校长工作室成员做了《融合教育专业支持体系深化构建》和《融合教育背景下资源教室建设与运作》的主题讲座，与大家共同探讨和推动融合教育理论与实践的深层次发展。令人震惊和可喜的是，在短短的两年时间里，甘井子区就完成了支持性服务体系、多样化融合教育安置方式、跨学科合作、教学资源开发、资源教师专业化发展等一系列重大项目的建设与创新，这些都倾注着特教中心人的心血与汗水。

2015年，在教育部组织下，全国特殊教育领域开启了新一轮课程标准与配套教材的建设项目，特教中心主动作为、积极争取，成功承接了组织编写培智教育艺术休闲课程标准的任务。在一无经验可寻、二无资料可查的情况下，特教中心人一步步踏上了摸索与创新的全新征程。几番勤劳、几番辛苦，特教中心人用行动再一次证明了自己。2016年12月，《培智学校义务教育课程标准（2016年版）》正式由教育部下发使用。这一成就并没有让特教中心人停止前行的脚步，反而让他们把目光快速转向了下一个目标。2017年12月，我再次被邀请前往特教中心，对艺术休闲教材编写组的教师进行编写指导，共同研讨艺术休闲教材框架建设及下一步具体工作内容。2018年伊始，中心便启动了"基于培智学校艺术休闲课程标准的课程开发"的主题研究工程，在短时间内推出了构建"五位一体"的教学体系、"艺术休闲课+"的课程模式等重要研究成果，并提出了完善"艺术休闲"课堂的合理化建议。这一次，让我再次领略了特教中心的创新意识、进取精神和顽强意志。

作为两次大型实践的亲历者和见证者，我身临其境地体验和感受到了甘井子区特殊教育中心人的坚定、顽强、智慧和力量，并为我国拥有诸多这样的特殊教育基层学校感到由衷的欣慰和自豪。

自2003年建校至今，甘井子区特教中心在学校质量管理、教师专业发展、学校课程体系改革、学生就业支持保障、区域指导中心建设、医教结合康复模式创建等一系列工作上进行了不懈探索和努力，取得了令人瞩目的成果。他们的宝贵经验值得参考与借鉴，他们的奋斗精神值得鼓励与学习。这也正是当今时代特殊教育事业蓬勃发展所应倡导的精神和拥有的力量。

今天，特教中心将近二十年的心路历程凝结成册，把学校的点点滴滴汇聚成篇，这是对过去的回眸，这是对未来的展望，是共同的分享，更是谋划与设想。为此书作序，心情喜悦之时内心也充满无限憧憬，路途尚遥远，征程更无尽。愿一同并肩前行，相携互勉，共创特教美好明天。

美丽的大连，令人向往。

许家成 于北京

2020年11月23日

前言 PREFACE

我与学校共同成长

> 梦想，信心的力量，循着微光去追求那份积存已久的渴望。轻轻地歌唱着，炽热的目光迎着扑面而来的乐与痛，在潺潺流逝的时间长河里，只因用尽全力地追逐过，我无悔。

时光荏苒，岁月如梭。蓦然回首，我在特殊教育战线上已然度过了27个春秋。1993年，刚刚20岁的我手持青春的火炬，点亮了一名特教教师奋勇前行的征程。任教过程中，我不断学习、钻研、探索，担任过班主任、团支书、教导主任。怀揣梦想，心向远方。在不断拼搏、不懈追求的道路上，我每时每刻都在收获知识和能量，也增添了无穷的勇气和希望。2000年，甘井子区在全区中小学校率先实施了校长竞聘制，在前辈众多、高手云集的竞争舞台上，我凭借着不怕输、不服输、不认输的韧劲和勇气，过关斩将，脱颖而出，成为当时全区最年轻的校长，迎来了自己生命中又一个葱郁的春天。那一年，我27岁。2003年，经过积极争取和多方努力，甘井子区兴建了一所占地面积11000平方米、建筑面积6000平方米，集教育、康复、培训、指导、教科研于一体的全国一流的现代化特殊教育学校。它成为令整个大连乃至全国特殊教育界瞩目的新兴特殊教育中心。2016年，大连市甘井子区教育局启动融合教育学校校长共同体建设，创建融合教育名校长工作室，我受命兼任区特殊教育指导中心主任一职。

斗转星移，岁月如歌。在担任校长的二十年职业生涯中，我一直坚守着那份梦想，永远相信心的力量，我和我的团队始终在为美好的梦想奋斗着。以"一切为了孩子终身发展"为办学宗旨，坚持"以科研为先导、育人为目标、教学为中心、康复为基础、生存教育为主线"的工作思路，精心打造"学校精致、管理精细、教师精心、学生精神"的"四精"品牌，牢固树立人文关怀的理念，努力追求"与众不同的特殊"。

1. 品德教育有思路

围绕"减少依赖、自理生活、适应家庭、融入社会"的德育目标，特教中心以博爱无私的精神为引领，建立了"情景—体验—内化"的德育模式，构建了"三好"理念链条，以"我是好孩子""我是好家长""我是好老师"为主题对接，实现学生健康快乐、家长勇敢自信、教师满怀激情的"生命共同体"。每月一主题的养成性教育，培养了学生守时、自理、诚实、守信的品质；心理健康课、青春期教育、法制安全教育，培养了学生良好的道德观念、法制观念和安全意识；"一人一岗"实践，锻炼了学生的实践能力，让他们懂得了劳作的辛苦与快乐；融合活动、岗位体验，让学生感受到了温暖、爱心与幸福，懂得了感恩、回馈与报答。特教中心积极开拓德育工作新思路，持续深化学校、家庭、社会三结合的教育体系，为特殊儿童营造良好的学习、生活氛围。

2. 课程体系有特色

教给学生终身受用的知识与技能是学校对特殊教育课程全方位思考的结果。全校创建了集个性化、社会化、职业化为一体的支持式课程体系。结合中重度智障学生和自闭症学生成为主要教育对象的客观事实，学校提出诸多教育理念："医教结合"，关注个体需求，建设康复训练课程模式，拓宽康复教育渠道；"社教结合"，关注社会适应，开发"通用基础课程＋专业技术课程＋岗位体验课程＋职业道德＋综合康复课程"的课程模式，让职业教育不断创新升级，职业样本极具针对性，形成独特的职业陶冶教育模式，为学生步入社会夯实基础；"早期干预"，关注康复成效，开设感知认知、音乐治疗、言语训练、感觉统合、精细动作、生活自理等课程。课程实行单元主题教学、跨年级分能力教学、同级分科教学和个别辅导等独具特色的教学模式，使每个学生都得到适宜的发展，"尊重、理解、包容、共生"的文化精神使每个学生都能尽情绽放生命的色彩。

3. 校本研修有体系

学校崇尚"教师发展学校"的办学观，引领教师走进教育科研，投身课程改革，使每个教师都拥有奉献教育的温馨土壤，能在教育的沃野上播撒爱心、展示才华、演绎智慧、传播文化。学校通过拓展型培训课程的开发和实施，激发教师队伍活力；充分利用社区资源，通过讲座报告、学习研讨、考察学习、专家引领和主导课题等为教师提供交流展示的平台，提升教师的专业素养和教育教学研究水平，使学校真正成为"学习型""研究型""创新型"组织。富有实效的培训方式使全校形成了"我要学"的良性学习氛围，多样化的研修内容也已成为提升教师教育理念、促进教师专业成长、培养科研型教师的有效载体。学校多次承担辽宁省及全国重点立项课题的实验与研究，并得到肯定和表彰。

4. 科研创新有理念

学校将"理论—研究—实践—转型—变革"教育理论研究与教育改革实践相结合，树立"行动即研究，反思即研究，解决问题即研究"的观念，通过"整体规划与分类实施相结合""日常实践与问题关键点相结合""重点突破和全面推进相结合"，打造校长领导、教研组长带领、教师个人参与的三级教研网络行动机制，通过与高等院校、科研院所协同协作，大力推广个人课题、小课题及校本课题、区域课题研究，致力打造一支研究型"铁军"。多年来，学校取得的国家、省、市级科研成果颇丰。

5.《艺术休闲》有突破

特教中心专注教材编撰，在编写样本教材、地方教材、德育教材等方面均有建树。2016年，特教中心作为国家艺术休闲课程标准的主要编写者，在充分解读课标的基础上着手进行教师用书的编写工作。从课程意义、课程性质、课程基本理念、课程设计思路到课程目标、课程内容、课程实施意见，特教中心人在没有任何借鉴和参考的前提下，调查研究、精心探索、几易其稿、努力创新，最终，教师用书获得了专家评审们的高度赞扬。

6. 融合教育有创新

为推动区域融合教育发展，特教中心在师资培训、普通学校资源教室课程建设、特殊教育资源管理等方面进行了积极、丰富、扎实的实践探索。2015年，甘井子区被教育部确定为随班就读、送教上门和医教结合"国家特殊教育改革实验区"，是全国唯一一个以区为单位承担三个实验项目的实验区。2016年，区教育局启动融合教育学校校长共同体建设，成立了"名校长工作室"。工作室通过三级联动开展服务，实现"普特融合"的专业整合，完成区域随班就读日常管理和指导工作。围绕"领导力共同体"建设，特教中心启动了集学生康复、教师培养为一体的"亮星计划"，形成了"专业＋特色"的融合教育发展模式及促进普特教教师专业成长、合作推进随班就读的工作格局。普特学校"线上＋线下"

深度融合、优势互补、协调合作，建立了残疾儿童发现、报告、诊断、评估、初期安置、制订个别化课程、实施教育的完整的服务支持体系，为残疾学生提供了科学的教育服务保障。

时光流逝，踏雪有痕。经过20多年的艰辛努力和奋力拼搏，我们取得了一些成绩，赢得了诸多殊荣——学校先后被评为全国教育系统先进集体、全国特奥工作先进单位、辽宁省特殊教育先进集体、辽宁省教育系统先进党支部、辽宁省五一巾帼先进集体、辽宁省科研兴校百强校，获得大连市"五一"奖状。我个人也荣获全国特教园丁奖、辽宁省五一劳动奖章以及辽宁省特殊教育先进工作者、辽宁省中小学专家型校长、大连市劳动模范等光荣称号。

作为特殊教育的践行者、组织者、亲历者和见证者，回望走过的近三十年的时光，总会有无法抑制的心动。面对成绩和荣誉，我总有一种"留痕"的澎湃激情，很想以笔墨存留过往的点滴。无意炫耀，只为回眸瞭望、静思默想，只求抛砖引玉、匡正错误，也希望能追逐着"两个一百年"的奋斗目标，让自己和特教中心人扬长避短、明确方向，再抖精神、重新启航。于是，《迈向明天——特殊学校转型的创新与实践》一书以真诚之心、真实之笔记录了我校在管理体制效能、课程体系改革、教师专业发展、就业支持策略、指导中心建设、医教结合模式等方面的所思所为，权作一次总结汇报。

岁月无情，人间情深。借此机会，再次向多年来关注、关心、支持、帮助我校发展的各级领导、专家学者、爱心企业、爱心人士、广大家长和志愿者表示衷心感谢！向执着坚守、辛勤耕耘、呕心沥血、无私奉献的特教中心全体同人表示崇高敬意！愿我们永远心怀梦想、共创明天、无怨无悔、一路同行。

董欣 于大连

2020年10月10日

目录

第一章　提升学校管理体制效能 /1

第一节　着力细化制度管理，增强综合管理能力 /3

第二节　树立人文关怀理念，打造健康向上队伍 /7

第二章　促进学校教师专业发展 /17

第一节　加强专业培训，提高教师教学核心能力 /18

第二节　丰富校本研修，形成教师教学统一维度 /23

第三节　规范师德培养，筑牢教师爱岗敬业情怀 /28

第三章　改革与优化学校课程体系 /34

第一节　依据课标有效促进学生发展 /35

第二节　依据学情多维开展差异性教学 /48

第三节　依托艺术休闲提高生活品质 /60

第四章　保障就业支持策略运行 /75

第一节　秉承学以致用理念，积极推动职业教育发展 /76

第二节　实现完满人生目标，有力发挥就业支持价值 /84

第五章　完善区域指导中心建设 /93

第一节　统筹规划，有效支持随班就读工作开展 /94

第二节　多措并举，全面提升随班就读工作水平 /98

第三节　反思提升，实验区工作的总结与凝思 /104

第六章　搭建医教结合康复模式 /129

第一节　落实保障，充分实现医教结合行而有序 /130

第二节　组建团队，切实保证医教结合行而有效 /144

第一章 提升学校管理体制效能

管理是一种社会现象，是社会的一种基本职能。自从有了人类社会随之也就产生了管理。在历经摸索、总结、充实、完善等一系列复杂的过程之后，人们对管理逐步有了全新而科学的认识与理解。现在普遍认为，管理就是合理组织人力、物力、财力、时间、信息，协调各种关系和人员，高效益地实现预定目标的活动过程。

教育管理是一般社会管理的一部分，而学校管理又是教育管理的重要组成部分。学校管理就是对学校的教育、教学、科研、后勤员工和师生等进行计划、组织、协调和控制的活动。学校通过自我管理，把各项工作及其组成要素结合起来，发挥整体功能，实现对学生的培养目标及其他各项工作目标。学校管理同一般管理一样也包括目标管理、过程管理和质量管理三个重要部分。

学校目标管理具有以下四个特点：是面向未来的管理，是对组织整体的系统管理，是重视成果的管理，是全员参与的管理。在学校管理中实施目标管理具有极其重要的意义：第一，有利于全面贯彻国家教育方针；第二，有利于提高教育管理效率；第三，有利于调动员工工作积极性；第四，有利于改进管理作风。

学校过程管理是学校在教育行政部门的领导和指导下，充分利用人力、财力、物力、时间、空间、信息等资源，充分发挥计划、组织、激励等职能，使整个学校管理系统有效运转，从而实现预定目标的过程。

学校质量管理是指学校确定质量方针、目标和职责并在质量体系中通过质量计划、质量控制和质量改进，使实施的全部管理职能正常运转的所有活动。学校质量管理的内容包含了三个方面：全员管理，即每一位教育者和受教育者都要参与到质量管理中来，发挥各自的积极性、主动性，人人都树立起质量观念和责任意识，并为之共同奋斗；全程管理，即强化对学校管理活动全过程的控制，使学校管理活动正常有序运转，切实保障质量；全局管理，即学校管理要使受教育者在德、智、体、美、劳等各个方面都得到发展，全面达成培养目标。

随着时代的发展与进步，现代学校管理制度体系着重强调三大体系：

一是全面目标计划体系。其核心功能就是充分保证和不断改进对学生的服务。学校要根据学生的需求、社会的需求、国家教育方针及法律法规的要求，确定办学宗旨、办学方针、育人目标、办学特色、发展目标等，并把目标任务转化分解到学校各个层面，具体到每个成员个体，由学校全体人员共同完成目标计划。

二是质量管理体系。其实质就是通过一系列组织精细、严谨、扎实的管理活动，引导教职工将目标落到实处并贯彻执行到管理的全过程。为此学校需要建立 ISO9000 质量管理体系。ISO，国际标准化组织（International Organization for Standardization），是标准化领域中的一个国际性非政府组织，ISO9000 是国际标准化组织颁布的一组质量管理和质量保证标准的总称。ISO9000 族标准的本质是建立一个保证及提高质量的系统的管理体系，明确质量应达到的基本要求。该体系通过对各个管理环节的有效控制，使出现问题的可能性降到最低，保证产品质量的稳定和提升，以扎实有效的过程管理确保目标的达成。这一体系的突出特点是建立了"教育是服务"的管理机制，突出了"以人为本"的现代管理理念，强调全面、全员、全程管理，明确了管理职责和操作流程，发挥了纠正和预防功能，强化了监督机制的作用。

三是全员业绩考核体系。其实质就是有效地解决了管理过程中对第一要素"人"的科学管理、评价与激励问题，突出了管理过程中"人"的价值与作用。这也正是接下来要谈到的"人本主义"和"以人为本"思想的精髓。

特殊教育学校的管理既继承了一般学校管理的基本理论和理念，又充分突显了自己的特色，经过不断的归纳积累已经形成了特殊教育学校自身独特的管理体系。大连市甘井子区特殊教育中心经过多年的探索与实践，总结创造了自己在管理过程中的一些操作方法，本章将分别从"细化制度管理"和"树立人文关怀"两个层面阐述我校对质量管理的诠释与实践，旨在通过不断的探寻逐步提高和完善学校的管理水平，让残疾儿童在身体和心理上得到最大限度的满足和发展。

第一节　着力细化制度管理，增强综合管理能力

按照现代学校管理体系中质量管理标准的要求，大连市甘井子区特殊教育中心在学校管理过程中一直遵循着ISO9000族标准。这一标准告诉我们：质量形成于生产过程，必须使影响产品质量的全部过程因素在生产的全过程始终处于受控状态。它的基本原则是：（1）以顾客为关注焦点；（2）领导作用；（3）全员参与；（4）过程方法规范管理；（5）管理的系统方法以预防为主，并要自我证实；（6）自我完善与持续改进；（7）基于事实的决策方法；（8）与供方互利的关系。对一所学校来说，这八项原则不仅应成为制定质量方针、质量目标和编制质量管理体系文件时应贯彻的精神，还应是学校制定质量战略规划的依据。因此我校确立了以全面目标计划体系为指导，以ISO9001质量管理体系为核心，以全员业绩考评体系为保障的现代学校管理的基本架构，实施精细化管理。

一、精细化管理的基本含义

精细化管理是源于发达国家企业管理过程中的一种管理理念，它是社会分工的精细化以及服务质量的精细化对现代管理的必然要求。精细化管理建立在以制度建设和民主管理为主要常规管理的基础上，是将常规引向深入的关键一步。具体地说，就是把管理的计划、组织、控制、领导等工作细化。通过具体的细节操作，有序地、按部就班地实施管理，从而达到一种周全严密的管理境界，实现管理的无隙化。这一管理理念逐步被其他领域采纳和延伸，教育行政管理及学校管理也借鉴与运用了此理念。1992年以后，ISO9000族标准在我国各级各类学校被普遍采纳和使用，广泛应用于学校管理的各个环节和各个方面，精细化管理被推向了高潮并取得了不错的效果。例如，特殊教育学校的康复教育就要求对康复教育的认知能力评估、IEP（个别教育计划）制订、感觉统合训练、科研管理、家长培训等流程做出细致、有效的规定，决不可出现随意化倾向。

学校精细化管理是"用心工作、爱心育人、真心服务"的教育思想的具体体现。它要求每一个步骤都要精心，每一个环节都要精细，每一项工作都要成为精品，即"精心是态度、精细是过程、精品是成果"。精细化管理还要转化分解工作目标，落实管理责任，每一个人都要把本职工作做到位，即对工作负责，对岗位负责，做到人人都管理，处处有管理，事事见管理。

二、精细化管理的具体实施

1. 以计划先行为前提，推进精细化管理。在教育管理中实施目标管理是一个围绕制定目标和实施目标进行管理的系统过程，这个过程可划分为三个阶段和九项主要工作，即计划阶段——认证决策、分解目标、定责授权；执行阶段——咨询指导、反馈控制、协调平衡；检查总结阶段——目标成果考评、实施相应的奖罚、总结经验。在现代管理中，实行目标管理已是行之有效的手段，因此制定全方位的精细化管理目标，完善计划和抓好计划的落实，是实施精细化管理的首要任务。管理目标的内涵有教师教的管理、学生学的管理、管理部门（校长室、教导处、总务处、德育处）管的管理。

在现代学校管理中，学校领导必须确立学校的办学宗旨、质量方针，指明学校的办学方向，做好学校的发展规划，为学校勾勒出一个清晰的发展远景，并能使学校内部人员透彻理解。没有宗旨、没有办学理念和办学方向，就会产生短视行为，因为不知道学校今后发展的方向，行动就必然带有盲目性和混乱性。

我校在即将进入第二个五年发展规划之际，引入了ISO9000族教育管理国际标准并顺利通过了ISO9001国际认证。ISO9000族标准强调，领导者应为组织建立统一的宗旨和方向，创造并保持使员工充分参与并实现组织目标的内部环境。我校积极努力为教师创造一个宽松、和谐、有序的工作环境，每年在硬件建设上投入的资金均超过一百万元，为教师的高效工作提供到位的资源。同时，在整个组织及各级部门设定富有挑战性的目标，为教师提供培训的机会，使他们达到岗位设置的要求，承认教师为学校发展所做出的贡献，并和他们一起分享成功后的喜悦。我们让教师参与制定学校下一轮发展目标，使目标更具合理性。通过提案、"金点子"、问卷、学校管理论坛等形式调动教师的积极性，广泛听取教师、家长、学生的意见，出台新一轮特教中心五年发展规划和质量目标。共同的愿景，共同的期待，使教师们理解到"幸福学生，阳光教师，和谐校园"办学目标的意义，"一切为学生的终身发展负责"质量方针的深远含义，"内涵化艺术校园、数字化信息校园、人文化和谐校园"以及"学校精致、管理精细、教师精心、学生精神"的追求，并为实现组织目标而共同努力。

2. 以制度建设为根本，推进精细化管理。制度，也称规章制度，是国家机关、社会团体、企事业单位为了维护正常的工作、劳动、学习、生活的秩序，保证各项政策的顺利落实和各项工作的正常开展，依照法律、法规、政策而制定的具有法规性或指导性与约束力的应用文，是各种行政法规、章程、公约的总称。制度具有指导性和约束性，对相关人员做什么工作、如何开展工作都有一定的提示和指导，同时也明确相关人员不得做什么及违反时的惩罚；制度具有鞭策性和激励性，鼓励着工作人员遵守纪律、努力学习、勤奋工作；制度具有规范性和程序性，对实现工作程序的规范化、岗位责任的法规化、管理方法的科学化起着重大作用。

健全各项规章制度，明确精细化管理的内涵，是实施精细化管理的起点，也是实施精细化管理的归宿。实现精细化管理，一是从要求抓起，每件事要求越明确越具体，越有利于操作；二是从规范程序抓起，程序的建立不但要有据可依，而且要忙而不乱，便于把事情做细、做精、做到位。建立一整套精细化、可行性强的制度可以规范工作，约束行为，明确奖惩措施，保障政令畅通，对学校发展起着决定性的作用。

我校按照ISO9000族标准的管理思路，结合专家对学校发展的诊断及评估结果，将学校质量管理的核心功能定位于服务，制定并完善现有规章制度，形成适合学校目前发展的管理制度。

首先，根据学校发展的需求，我校确定了学校的组织机构，建立了新的组织机构框架，设置了岗位以及各部门的职能分工，并明确了各岗位人员的职责。

其次，我们对职能部门和管理过程中需要建立的制度进行了规范管理，如在德育教学工作环节上，完善德育常规教学过程管理及监督、评估制度；在教研环节上，完善校本教研的开展及评价制度；在后勤保障上，完善基础设施建设及后勤保障服务制度等，这是一个改进完善原有制度的过程。学校原有的各种制度有缺少检查、记录、分析和改进的现象，有的甚至被忽略。因此，按照ISO9000体系的要求，我们对原有制度进行了修改和完善，明确检查的层次和次数，规定记录的方法和要求，规定分析的方法，突出改进的作用。

在制定制度的过程中，考虑到制度的"增值"性，我们让组织部门和全体教师参与制订文件，理解"我们这样做十分必要，而且会帮助我们改进我们的教学质量"。为此，ISO标准要求制度应体现操作性强，还体现在操作层面上对部门接口处的处理要进行规定，使制订的文件具有层次感和可操作性，其执行过程是一个"PDCA（策划、实施、检查、处理）"的过程。我们设计并制订了学校的"质量手册"、"程序文件"、"支持性文件"和"记录表格"。

3. 以过程管理为关键，推进精细化管理。现代过程管理方法是以系统论、信息论和控制论为理论基础的，它突出了以下几大特点：一是坚持从系统的观点出发，把管理的各种要素按一定方式组成一个完整的系统；二是应用信息技术解决业务过程信息的传输和处理问题；三是建立过程控制系统，运用反馈控制等方法解决业务过程系统的控制问题；四是注重管理的细化，即细化到每一个工作流程、每一个操作单元、每一项影响工作流程运行的输入因素。

采取"过程管理"是ISO标准的核心，管理的重点由"产品（结果）"转向"过程"。在我们的日常生活和工作中，常常涉及方法和方式的问题，如"我们怎么解决这个问题""你是如何教学的""他老是不得要领"，这些统统都是说"过程"的好与坏，如果缺少了对管理过程的有效监控，那么精细化管理就回到了粗放型管理的老路，因此对管理过程实施有效的监督与控制，是精细化管理的前提。

ISO9000族标准强调"过程管理"，要求对学校的管理过程建立规范化操作流程，通常也就是我们所说的 "写下你要做的，照你写的去做，记录你所做的，检查并改进"，其优点是对学校的管理过程进行连续的控制，强调学校管理过程的业绩和有效性的结果，为学校的管理建立持续改进的机制。

如何进行过程管理？第一，目标细化。目标要看得见、摸得着，不能大而空。如后勤工作，我们将"服务第一"改为"卫生无死角，维修无漏洞，工作无事故，要求无拖延"这通俗易懂的20个字；德育工作将"以学生为本"改为"为每个学生建立成长手册、个训方案，2年内结交2位以上好朋友"等小而细、精而准的目标。第二，措施具体。措施具体、明确、具有可视性和可操作性。如，将"重点抓习惯培养"改为"低年级抓'轻轻说话、轻轻走路、轻轻摆放物品，随手关灯、随手关水龙头、随手捡拾废纸'的行为习惯培养"。第三，重视检查。"有布置必有检查，有检查必有反馈，有反馈必有考核"，布置、检查、反馈要形成一个内部循环系统。检查内容包括是否按要求去做，是否有拖拉现象，是否有效果等。如此一来，学校所有的管理问题都在学校的掌控之内，都能量化考核。

学校管理理论特别强调学校自己对自己的管理和"每个人都是管理者"的理念。ISO9000族标准要求学校建立自我评价和改进机制，即建立"学校评价""课程评价""教师评价""学生评价"机制，建立加强日常检查、及时分析反馈的过程性评价机制。通过检查、评估，及时发现管理问题并分析原因、制订措施，并要求在规定的时间内再次检查管理漏洞是否得到解决。在我们不定期的"内审"和每周的"执行力小组"的检查中，我们会将管理过程中发现的问题通过校园网及时向全体教师反馈。在这种不断反馈的过程中，学校逐渐实现管理的转型，即从粗放型管理向精细化管理转型，从传统管理向现代管理转型，从而实现从"管"到"理"的飞跃。

ISO9000族标准是全世界质量科学和管理技术的精华，是管理思想和经验的总结，是操作性和实践性很强的动态管理机制，将其引入学校的管理中，它将不只成为一种管理体制，也不仅成为一种思想方法，它必将作为一种生存方式，对我们的工作和生活产生深远的影响。在ISO9000族标准的引领下，我校的精细化管理效果显著，章末附件1、附件2分享了我校教师管理、教学管理的条例，仅供参考。

第二节　树立人文关怀理念，打造健康向上队伍

在管理的诸多要素中，人是第一要素，也是最为重要的。在日常工作、学习和生活中，我们随时可以听到"以人为本"的声音。步入现代社会，无论是在政治、经济、工业领域，还是在科学、文化、教育领域，都极力倡导和大力弘扬人本主义精神。

所谓"人本主义"或"以人为本"，其基本含义肯定了人在社会历史发展中的主体作用与地位；它是一种价值取向，倡导尊重人、解放人、依靠人和为了人；它是一种思维方式，强调在分析和解决一切问题时，既要坚持历史的尺度，也要坚持人的尺度。

据考证，首次提出和体现"以人为本"理念的时间是在西周。到西汉时，刘向在编辑汇集管仲众多思想观点的《管子》一书《霸言》篇中，记述了春秋时期齐国名相管仲对齐桓公陈述霸王之业的言论。其中有一段这样说："夫霸王之所始也，以人为本。本理则国固，本乱则国危。"由此，大多数人认为在我国古书中最早明确提出"以人为本"的是管仲，距今已有两千多年的历史了。

作为学术研究，人本主义心理学兴起于20世纪五六十年代的美国，由马斯

洛创立，以罗杰斯为代表，被称为除行为主义学派和精神分析学派以外，心理学上的"第三势力"。人本主义学派和其他学派最大的不同是特别强调人的正面本质和价值，而不是集中研究人的问题行为，它强调人的成长和发展，称为"自我实现"。马斯洛的人本主义心理学理论核心是人通过自我实现，满足多层次的需要，达到"高峰体验"。自我实现的需要是超越性的，追求真善美，最终导向是完美人格的塑造，而高峰体验代表了人的这种最佳状态。高峰体验中主客体合一，既无我，也无他人或他物；对于对象的体验被幻化为整个世界；同时意义和价值被返回给审美主体；主体的情绪是完美和狂喜，主体在这时最有信心，最能把握自己、发挥全部智能。

多少年来，教育管理理论一直十分重视人本主义思想，并不断地把相关研究成果运用到具体管理实践之中，这些实践对整个社会的建设与发展都起到了积极的推动作用。在全社会大力倡导以人为本的大背景下，特殊教育学校应当如何创新管理模式，突破传统意义上的管理方法，使每一位教师都能够充分发挥自己的积极性、主动性，更好地为特殊儿童服务，已成为特校管理工作中面临的新课题。在多年的摸索与实践中，我们深深地感悟到：坚持以人为本，给予教师更多的人文关怀是增进学校管理、促进教师队伍建设的良好方法和有效途径。以人为本让教师们找到了自我价值，感受到了工作的快乐，体验到了内心的真善美，追求着自我价值实现并怀揣梦想不断奋力追逐高峰体验。

一、把人文关怀渗入管理理念之中

一般认为人文关怀发端于西方的人文主义传统，其实质正是人本主义思想的一种外在的具体体现，其核心在于肯定人性和人的价值。简单地说，人文关怀就是要关注人的生存和发展，也就是关心人、爱护人、尊重人，充分调动人的主动性、积极性和创造性，促进人的自由全面发展。具体来说，人文关怀包括层层递进又密切相关的几层含义：第一，承认人不仅是一种物质生命的存在，更是一种精神与文化的存在。第二，承认人无论是在推动社会发展还是实现自我发展方面都居于核心支配地位。第三，承认人的价值，追求人的社会价值和个体价值的统一。第四，尊重人的主体性，人不仅是物质生活的主体，也是政治生活、精神生活乃至整个社会生活的主体。第五，关心人的多层次的需要，包括物质层面和精神文化层面。第六，促进人的自由、全面发展，实现人的各方面素质都得到较好的发展或达到一定的发展水平。

人们常说，一枚鸡蛋，从外面打破是压力，从里面打破是成长。人文关怀的核心强调了人的主动性行为，而非外在强制或压力，而如何把外部压力转化为内部成长，这的确是值得我们深思的问题。当今社会里，每个人都承受着来自工作、学习、生活等各方面的压力，尤其是特殊教育学校的教师，他们不仅要面对不被理解、受质疑、受冷落、受嘲讽的内心痛苦，还要对各种各样的残疾学生付出超乎寻常的心血和汗水。我校的教师也和所有特教工作者一样，有爱心、愿意奉献、勤恳、向上。因此，作为学校领导，更应该对他们多一些理解，多一些宽容，多一些信任，多一些尊重，多一些关爱，多一些支持，尽可能地为教师创造一个民主、和谐、团结、快乐的集体环境，充分挖掘教师的内在潜力，释放教师的内在能量，让教师发自内心地爱学校、爱孩子、爱事业，快乐地去发挥、去体验、去塑造、去成长、去满足、去实现自我。我们坚信，对成功的赏识、对成长的期盼、对行为的引领就是最积极、最有效的管理。为此，我们毫不动摇地坚持把人文关怀理念与全面管理相融合，相信教师，鼓励教师，努力培养教师的师德、情感和能力，把教师当亲人、当主人，最大限度地激发教师的工作热情，促进学校的工作全面发展。如今，"学校精致、管理精细、教师精心、学生精神"的"四精"品牌和学校文化已悄然形成并绽放出勃勃生机。

二、把人文关怀落实到管理实践之中

特殊儿童是有特殊需要的儿童，而且这种特殊需要是叠加式、重复式的，其复杂程度远远超出正常人千倍万倍的想象。特殊教育并非外人理解的简单的玩玩乐乐、不出事故就好，而是要用百倍的爱心、千倍的付出、科学的方法去补偿孩子的缺陷，发展孩子的能力，为他们独立走上社会奠定坚实的基础。为此，学校始终以"围绕中心、提升内涵、争创一流"为工作思路，以"四情"建设为主线，寓人文关怀于管理实践中，保障和促进教师良好情感的发展。

多年来，学校加强学习研究，力求增强教师的工作热情，从建设学习型团队入手，采取多种措施，积极探索、开发支持式教师课程，逐步建立了学校教师发展观——做不断自我超越的智慧型阳光教师。学校通过师德、专业知识、专业技能等课程和主题式校本教研、网络教师学习论坛、教师读书沙龙、政治学习等平台，有效地促进了教师们知识上的更新、意识上的提高和心理上的成熟。

促进思想升华，释放爱生真情。从事特殊教育工作的教师就像天使一般。为了让教师能够喜欢残童、理解家长、尊重岗位，我校每月都会召开不同主题的家长论坛，让教师体会家长们的辛酸、痛苦、无助与祈盼，促进教师将自己的心与家长的心进行碰撞与交融，教育、引导教师给予学生亲人般的关怀；大力开展"温暖"主题活动，寻找和发现校园里令人感动的"温暖"，让这种"温暖"快速传播开来，融化冰雪、浸润土壤。随着"树阳光理念""学阳光事迹""展阳光行动""讲阳光风采""集阳光格言""评阳光教师"等一系列"阳光活动"在学校轰轰烈烈地开展，一批批优秀青年教师脱颖而出。他们用自己的情感、智慧和青春年华，点燃了特殊儿童的生命之火，也照亮了自己美丽的心灵。

强化能力建设，燃烧教育激情。面对智障学生的教育和管理，学校积极为教师搭建成长平台，倾力打造教师专业发展团队。请来特教专家、医学博士为教师进行专题培训和医疗康复操作培训；请来外教老师对教师进行口语教学；积极筹措资金，选派教师赴国内外学习。培训是关爱，培训是福利，这已成为广大教师的共识。

健全制度保障，激发参与热情。面对管理过程中层出不穷的新情况，学校不断推进民主管理品牌建设，通过对话以及全员积极参与的方式，鼓励教师为学校的发展献计献策，共同促进学校的持续发展。2007年，学校全体员工共同策划出台了学校《质量管理手册》《工作管理程序》等文件，不仅优化了学校内部管理流程，而且使学校顺利通过了ISO9001质量管理认证，加速了学校向制度化、规范化、科学化、国际化学校行列迈进的步伐。

我校还为教师开设了心理氧吧，每学期为教师赠送专业、励志、养生书籍；每季度组织教师编写出版一期内容丰富的校刊；每年出版一期家长指导手册和教师教育故事集；每学年为教师制订专业化发展规划，建立教师个人成长的记录袋；新年伊始，校长亲自为每位教师用心撰写一张新年贺卡，表达浓浓的祝福，寄托深深的希望；为过生日的教师举办生日晚会，让寿星接受全校教师的祝福、同享生活的快乐……学校正是用人文关怀铸就了一支朝气蓬勃、健康阳光、勇于拼搏、无私奉献的教师团队。

三、把人文关怀贯彻到教育教学行动之中

人文关怀培育了阳光教师，阳光教师缔造了阳光校园，阳光校园照亮了渴求

阳光的残缺生命。爱生如子、爱校如家的教师们在教学常规、教育常规、工作常规中争先恐后、你追我赶、相互促进、共同提高，尽情彰显着对学校、对事业、对学生的深爱之情。

关注学生的生活，把温情送给他们。学校开展了"爱心承诺，大手拉小手"活动，教师们与贫困学生结成帮扶对子——天冷了给学生们买羽绒服，六一儿童节带他们去吃肯德基，过年为他们的家里置办年货，生日时为他们买蛋糕和礼物……学校还发动周围的爱心人士为特殊儿童献爱心，帮助孩子们实现新年的愿望等，一次次的牵手活动将老师和孩子们的心紧紧地联系在一起。

关注学生的成长，把知识送给他们。面对学生们不同的现状与需求，特教老师们把学校的人文关怀全部回馈给学生，努力追求"与众不同的特殊"。教师们倾力编写主题式校本教材，以生活化为核心，以实用性为原则，内容涉及生活的方方面面，贴近学生的生活；实行多样化教育方式，根据学生的差异，选用了跨年级分能力教学、同级分科教学和个别辅导的教学模式；钻研改进课堂教学模式，实行集体授课、小组授课和个别化教学；不断学习科学的、先进的教学方法，将ABA（应用行为分析）、TEACCH（结构化教学法）等巧妙地运用到教学中；探索医教结合的新思路，聘请医学博士、教育专家作为学校的医学顾问，研发学生康复教育训练流程；细化职业教育课程体系，践行社教结合新途径……

关注孩子的未来，把希望送给他们。智障学生毕业后的去向和托养一直是家庭和社会的沉重负担，我校义无反顾地担起了这份责任，把"对孩子的终身发展负责"做到了极致。校领导和全体教师四处奔走，八方求援，积极与社会各界沟通联系，相继与香格里拉大饭店、旺顺阁酒店等十几家单位签订协议，为学生落实实习就业基地。现在，已毕业的50余名学生全部实现了就业挂靠，让他们树立起了生存与生活的信心。

关注家长的需要，把支持送给他们。孤独症孩子的康复训练、家庭教育和家长的心理健康问题是全社会亟待解决的一道难题。为使更多的残障儿童受益，学校发挥"大连市孤独症儿童家长活动中心"的辐射作用，每月向全市孤独症儿童及家长开放一次，教师们义务为孩子进行康复训练，为家长进行教育讲座。我校还组织社区义工、大学生志愿者、孤独症研究专家等教孩子们书法，并开展特殊奥林匹克运动项目、制作手工、心理咨询、亲子培训等活动。这些活动抚慰了家长的心灵，也为家长和孩子们带去了知识、技能、感动与希望。

和谐校园，阳光教师，幸福学生，人文关怀硕果累累。大连市青年文明号、"三八"红旗集体、德育工作先进单位、优秀家长学校、优秀残疾人之家、辽宁省特殊教育先进集体、省教育系统先进党支部、省五一巾帼先进集体、全国特奥工作先进单位，这一座座奖杯、一面面锦旗无不彰显着人文的内涵，无不展示着关爱的力量。人文关怀让学校迎来了满园春色，教师如园中争艳的鲜花，绚丽绽放；学生似园中嬉逐的彩蝶，尽情飞舞。

在诸多管理要素中，教师管理与教学管理的价值与意义尤为突出。就教师管理而言，完善的教师管理制度为教师的一切教育教学工作提供了指南，帮助教师在明确职责范围的同时完善自己的工作事务，使其能够在制度化的管理下更好地投入到教学当中；就教学管理而言，教学是学校最为重要的工作内容之一，教学效果直接影响着学校的提升与发展，完善的教学制度能够帮助教师明晰教育的流程与注意事项，使教师的"教"和学生的"学"能够有机结合，促进学校教育事业的发展。我校一直不放松学校教师管理与教学管理，通过借鉴与总结，形成了《大连市甘井子区特殊教育中心教师管理条例》与《大连市甘井子区特殊教育中心教学管理条例》，引领着教师的发展与教学的发展，取得了良好的成果。下面就分别对这两项管理条例进行分享。

附件1
大连市甘井子区特殊教育中心教师管理条例

一、进校

1. 按时进校，签到上岗，主动向校内教师和同学问早、问好。

2. 衣着整洁（到校穿校服），举止端庄，语言文明，礼貌待人，以身作则，为人师表。

3. 进校后及时带领班级学生进教室。

二、课间操、眼操

1. 精神饱满地参加课间操，队列整齐（在学生后面站成一排），跟随音乐节奏、动作正确到位。

2. 任课教师要和班主任共同组织学生参加课间操，进退场做到快、静、齐。做操时不断巡视，及时纠正学生的错误动作，力求做到动作正确到位。

3.当堂任课教师负责监督学生的眼操，力求做到动作正确到位。

三、升旗仪式

出旗、升旗时，班主任站在队伍前列，其余教职工站在队伍后面，面向国旗，脱帽肃立，敬礼姿势正确，唱国歌声音响亮整齐。

四、上课

1.教师做好课前准备工作，铃响之前进入教室，提高课堂教学效率。

2.教师不随意更改教学内容，做到专课专用。

3.教师发现问题要及时教育，及时向班主任反馈教育情况，严格要求、耐心教学，不允许讽刺、挖苦、歧视学生，不随意让学生停课或随意差遣学生，严禁体罚和变相体罚。

4.教师在上课时无特殊情况不离开教室，不接待家长，不接打电话，不与非任课教师谈话，下课不拖堂。

5.教师上课要有教案，准备教具和学具，备课认真充分。

6.教师注意分类教学、个别化教学，注意使用形象化、直观化的教具、学具和先进的电教设备，全面提升学生的学习兴趣。

7.教师要精心设计作业，批改认真及时，一般作业不过夜，作文批改不过周。

8.教师在校期间举止文明礼貌，语言规范健康，一律使用普通话。

五、空课、课间、午间

1.每位教师在午间要按要求组织学生开展活动，待下节课教师到班级后再离开教室。

2.在专业室上课时，由班主任在课前两分钟组织好学生站排，与任课教师交接后方可离开；下课后，由任课教师组织学生排队回教室，与班主任交接后方可离开。

3.教师空课、课间或午间不当班时，认真处理好本职工作，不看与教学无关的书籍杂志（业余进修按有关规定执行），不上网玩游戏、聊天，不到其他办公室、教室闲聊，不到专用室休息（特殊情况除外），以免有损教职工形象，影响他人工作。

4.教职工要自觉保持办公室清洁卫生，室内物品摆放整齐、美观。

5.因急事、公事外出应向行政办公室请假，填写好外出记事本，准假后须向教导处交出教材、教案，以便合理安排代课。

六、降旗

降旗时教师必须面向国旗，脱帽肃立，行注目礼，做学生的榜样。

七、离校

1. 离校前教师必须整理好办公用品，检查好各室的水电、门窗，确认安全后方可离校。

2. 离校前教师必须到传达室签名后离开。

八、其他

1. 教师按时参加学校组织的各类学习和活动，不迟到早退，不无故缺席，做好必要的记录。积极参加社会公益活动，主动为贫困地区、困难人员捐款捐物。

2. 教师需以积极主动的态度密切与家长联系，尊重家长，认真听取家长意见、建议，积极向家长宣传科学的教育思想和方法，不指责家长。

3. 教师在校内外都应注意维护本校教职工形象，应时时处处注意维护学校声誉，以自己的实际工作为学校争光，为学校的精神文明建设做贡献。

附件2
大连市甘井子区特殊教育中心教学管理条例

一、教师备课管理

1. 任课教师必须熟悉所教学科教材编写纲要或教育训练纲要，全面安排教材内容或教育训练内容，在开学前制订完成学期教学进度计划和各单元教学计划。

2. 任课教师要根据课程（教学）计划、教育训练纲要、教材内容和学生的实际情况确定学期的教学目标和内容。教学目标要涉及认知、操作和情感表现领域，要体现思想教育因素，要做到因人而异，体现分层次的分类教学要求。

3. 任课教师要按照训练纲要要求处理和组织教学内容，从实际出发，面向全体学生，注意个体差异，做到突出难点，分散难点，形成适当的梯度，因材施教，体现直观教学、游戏操作、小步循序、分组分类教学的原则。根据具体情况，可增设弹性课文等以适应不同层次学生的需要。

4. 任课教师在教学设计时要根据课程类别、学科特点、教学内容和学生的实际选择符合学生认知规律的教学方法和教学手段，要采用直观、形象的教学方法，充分利用电教器具来吸引学生的注意力，调动学生的学习兴趣，备课中要体现集体、分层、个别教学有机结合，训练学生自理、自学的能力。

5. 任课教师要根据学生的实际差异，选择和设计不同层次的练习；提出不同的作业要求，要有利于每个学生理解和巩固所学的知识。课内外作业要适量，作业要及时批改、讲评，重视教学效果的及时反馈。

6. 任课教师要完成电子教案的编写。教案必须分课时备，每课时必须有教学内容、教学分类目标、教学重点、教学难点、教学准备、教学过程及板书设计。

7. 教师要写好教学反思，把自己在授课过程中所存在的问题及解决的措施写出来。

二、教师授课管理

1. 教师要认真组织教学，两分钟预备铃响前必须进入课堂，上课后教师无特殊情况不得随意离开教学场所。教师应站立讲课，学生练习或考试时教师应进行巡视（特殊情况除外），不可在下课铃响以前让学生离开教室或解散。

2. 教师要尊重、爱护学生，关注学生的学习情感、学习态度及学习方式，充分调动学生学习的积极性和主动性，做到传授知识准确，有创新，学法指导有特色，课堂训练有层次，要体现教改的目标要求。

3. 在课堂上教师要遵循面向全体、全面发展、主动发展的原则，引导学生积极主动参与学习的全过程。在课堂上要做到学生参与面广，学习气氛活跃。教师要指导学生大胆实践（板演、实验、提问、讨论等）。在课堂上教师还要及时纠正学生的读写姿势、表达方式等方面的错误，培养学生良好的学习习惯。

4. 教师的教学语言要生动、准确，语音高低适度，说普通话；板书要工整规范；教态要自然、亲切、大方；衣着要整洁、得体。

5. 教学中使用的教具、学具等课前要准备好，需进行实验和演示的课，教师都要先做一遍，做到心中有数。教师要积极主动地运用多媒体和实物教具（学具）等辅助教学，并做到出示恰当，操作自如。

6. 严格按照课程表上课，按要求完成课堂教学内容，调课需经教导处同意，做到专课专用，以便统筹安排。

7. 上课时间教师不接待家长，不把手机等与教学无关的物品带入教室，不与其他教师闲谈，不随意离开教学场所，做到不刻意拖堂，如遇特殊情况尽量控制在2分钟以内。不上课的教师，在上课时间不应随意进入课堂。

8. 严格执行课堂纪律，对违纪学生要及时提醒、教育，但不要占用过多时间，以免影响教学。发生伤害事故，应立即上报教导处，同时将受伤学生送往卫生室处理，不得不报、瞒报。

三、教师教学质量管理

1. 命题质量标准评定：

（1）任课教师首先要指出命题范围、内容，分析内容是否符合教学大纲要求，是否紧扣教材与结合实际。

（2）任课教师要分析试题的难度，提出对试题梯度、层次的看法。

（3）任课教师要分析试题的效度和信度。试题的效度是考试正确性的重要指标，它主要表明是否正确测出学生实际能力；试题的信度是指考试的可靠性。

综合以上几方面的数据，提出的意见和对试题的整体看法，构成试卷分析的第一部分。

2. 教师从学生答卷问题分析：

（1）学生对所考查内容知识点的掌握情况。

（2）学生答题的规范化程度。

（3）学生对所考查内容综合分析和解决问题的能力。

（4）分析学生试卷中典型错误范例，找出出现错误的原因。

综合以上四点分析出教学中尚待解决的问题，总结经验，提出改进意见。

3. 语文、数学期末考试由任课老师进行分析，再提交教导处。

4. 任课教师和教研组长对考试质量做出科学准确的定性与定量分析，制订切实可行的改进措施。

学校管理效能的提升为学校的发展奠定了良好的基础，为学校的精细化发展提供了有力的保障。在正向管理制度的作用下，学校日常事务变得更加井然有序，受到了各级专家与同级同类学校的一致好评。此外，我校还多次到校外宣讲管理经验，在促进自身更好发展的同时，也积极分享着我们的成功经验，力争使更多学校能够得到启发，以管理效能的提升为契机促进自身的多元发展。

未来，大连市甘井子区特殊教育中心还会不断开拓创新，借鉴国内外优秀、多元的管理体制与模式，取其精华、去其糟粕，充分挖掘自身管理效能的潜能，使管理制度更加切实有力、管理效果更加切实有效。相信伴随着管理制度的日益完善，学校各项事务的开展都会更加从容有序。学校也会以此为起点，开启更为壮阔的发展新篇章！

第二章 促进学校教师专业发展

特殊教育不仅是教育事业的重要组成部分，更是构建和谐社会的重要组成部分。现阶段，我国特殊教育面临着前所未有的机遇和挑战，促进教育公平、提高教育质量是当前教育改革的两大任务，忽视特殊教育的发展就难以谈到教育公平与教育均衡。《国家中长期教育改革和发展规划纲要（2010—2020年）》中明确提出要关心和支持特殊教育，要求各级政府要加快发展特殊教育，把特殊教育事业纳入当地经济社会发展规划，呼吁全社会要关心支持特殊教育。建立一支数量足够、质量合格的专业特教师资队伍是办好特殊教育的关键。

关于特殊教育教师专业发展内涵的界定，由于不同研究者的研究方法与研究视角的不同，呈现出了多种不同的表述方式。有学者认为：特殊教育教师专业发展就是教师的专业成长或教师内在专业结构不断更新、演进和丰富的过程。也有学者认为：教师专业化是指"教师通过专业训练与终身学习逐步获得教育专业知识技能，并在教育实践中提高修养、促进自身的专业化成长"。特殊教育教师是发展特殊教育事业的排头兵，据《2019年全国教育事业发展统计公报》显示，我国特殊教育学校共有专任教师6.24万人，如何以特殊教育教师的专业化发展推动特殊教育事业的进步日益受到关注。1949年新中国成立后，我国特殊教育被纳入了国民教育体系，我国特殊教育教师的专业化发展进入初级发展阶段。这一阶段的特殊教育教师专业化发展并不发达，特殊教育师资大多来自普通学校，新教师进入特殊教育学校后，主要通过跟着老教师学习专业知识和技能。21世纪初，我国特殊学校教师的专业化发展得到了稳步提升，国家出台推进素质教育改革的决定，倡导我国师范教育进行培养体系的调整，调整师范学校的层次和布局。为实现这一目标，我国特殊教育也从原来的中专、大专、本科三级，提升至大专、本科两级。全国多地大部分特殊教育学校的任职资格门槛也在提高，特殊教育专业也开始设置更多的理论知识相关课程。2010年之后，各阶段普通学校教师专业标准颁布，2015年8月，教育部颁布了《特殊教育教师专业标准（试行）》，由此我国特殊教育教师的发展进入专业探索阶段。文件强调了"能力为重"的理念，提出特殊教育教师应注重"将学科知识、特殊教育理论与实践有机结合，突出特殊教育实践能力"。由于特殊学生具有偏常态特征，特殊教育教师要想更好地对他们进行教育与康复训练，以及在教学过程中更好地选择适合他们的教学内容和教学方法，除了要具有基本的教学技能外，还应掌握一定的医学、心理学及康复学的知识与技能，以真正做到对特殊学生因材施教。因此，了解特殊教育教师的教学能力状况，研究影响他们教学能力的因素，探析提升教学能力的路径，对促进特殊教育的发展显得尤为重要。

大连市甘井子区特殊教育中心通过多年的实践发现，特殊教育的稳健发展离不开特殊教育的师资队伍建设，特殊教育教师的专业化发展是师资队伍建设的重要因素之一，帮助特殊教育教师提升教学能力是新时期全面提升特殊教育教学质量的重要条件，具备良好的教学能力也是特殊教育教师做好教学工作的必备素养。本章共分为三节。第一节为加强专业培训，讲述了我校通过培训提高教师教学核心能力的实践。第二节为丰富校本研修，讲述了我校如何以校本研修的方式形成教师教学的统一维度。第三节为规范师德培养，讲述了我校如何筑牢教师的爱岗敬业情怀。

第一节 加强专业培训，提高教师教学核心能力

人类社会进入21世纪，国家的综合国力和国际竞争能力将越来越取决于教育的发展以及由此带来的科学技术和知识创新的水平，教育将面临知识经济时代的严峻挑战。因此，树立全新的教育观，加大教育改革的力度迫在眉睫。教育要发展，教师是关键，教师的创新意识、创新精神和创新能力是培养有数量和有质量的高素质创新人才的有力保障。在推行融合教育的过程中，我校教育对象呈现出了多元显著性差异，因而诸如如何对他们进行创新教育、教师应具备怎样的创新素质以及如何培养这些学生等问题引发了我们的深入思考。借鉴已有成功经验并结合我校实际，我校在"十三五"期间不断深化理解教师专业培训的内涵并积极细化外延，现将其归纳如下：

第二章 促进学校教师专业发展

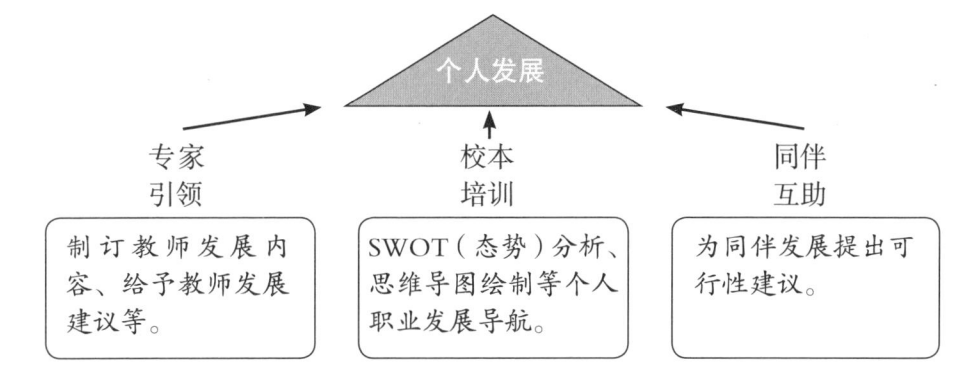

```
                    个人发展
         ↗            ↑            ↖
      专家          校本          同伴
      引领          培训          互助
```

| 制订教师发展内容、给予教师发展建议等。 | SWOT（态势）分析、思维导图绘制等个人职业发展导航。 | 为同伴发展提出可行性建议。 |

一、促进教师自我发展，优化"2+X"教师队伍结构

（一）以教师之需为基，以所建立的记录袋为载体，促进教师自我发展

1. 建立三角支持型教师发展模式，为教师职业发展导航。学校通过引进SWOT分析、思维导图绘制等校本培训活动，帮助教师全面分析个人现状并建立个人专业成长记录袋。实施专家引领、校本培训、同伴互助的三角支持型教师发展模式，帮助教师思考并确定个人发展规划。

2. 尊重教师发展之需，为教师成长搭建平台。三角支持型教师发展模式的建立，使教师对自己的发展有了更加明晰的方向。学校通过发放《教师发展方向需求表》、组内交流等方式，了解了教师个人发展方向和专业发展需求，依据按需施训、以训促长的理念，积极搭建专业培训平台，促进教师不断成长。"十三五"期间，依据教师专业发展需求，我校共选派教师270余人次参加了关于康复训练、融合教育、送教上门、结构化教学、孤独症教育等多个领域的专业培训。

3. 建立教师个人专业成长记录袋，促进教师德技双馨。树立师德为重、业务在前的思想，结合个人自身发展制订个人规划和年度计划，注重教师师德和业务材料的积累，建立教师个人专业成长记录袋，通过采取阶段性自我评价、学生评价、家长评价和学校评价的方式，推动教师的专业化发展。

（二）拓展多元培训机制，优化"2+X"教师队伍结构

拓宽多元培训机制，采用"校内+校外"培训相结合的方式，构建"四学"模式，以校际交流为补充，以线上培训为主流，不断培养"一专多能"，即具有较高专业学科教学能力、康复训练技能和多学科教学能力的"2+X"师资队伍，其中，"2+X"是指具备2张资格证书（教师从业资格证书、特殊教育上岗证书）和若干张职业资格证书。

1. 立足校本学，提升教师业务素养。充分发挥校本培训作为教师成长主阵地的作用，以"学科知识＋专业技能"为主线，以满足不同学生的需求为出发点，以提升教师专业技能为落脚点，开展校本培训工作。在开展校本培训的过程中，我校一是以"菜单"为基，夯实培训内容。结合"菜单"学习需求，充分整合校内资源，形成骨干教师、青年教师、新岗教师的三级培训梯队，认真研究培训内容，开展信息技术、科学研究、教育教学、教师心理等多领域的培训。二是以共同体讲坛为契机，强化学科带头人、教学能手的模范作用。每月开设一次"教师讲坛"，内容包括"理念有例、育人之道、读书有感、我的教育名言、最美特教人、为爱点赞"等。通过组内交流与评选后在校内集中分享的方式，引导教师全员参与，进一步加强了学习，锻炼了能力，提高了素养。

2. 外出培训学，拓宽教师专业视野。为了使教师能站在更高的起点上得到更好的发展，学校利用一切机会选派教师外出参加各级各类学习，不断提升教师的专业视野。"十三五"期间，共选派教师270人次，到北京、上海、江苏、福建、广东、浙江等地参加有关孤独症儿童教育、康复训练、融合教育等领域的学习。

3. 专家引领学，促进教师高效发展。以区域特殊教育行动周为契机，定期邀请特殊教育专家、学者开展专业技能培训。先后邀请北京师范大学、华东师范大学、北京联合大学、辽宁师范大学、南京特殊教育师范学院、辽宁特殊教育师范学校等单位特教专家以及大连大学附属中山医院、大连市第七人民医院的医生到校，为教师进行融合教育、科研课题、教学设计、特殊教育理论、行为矫正、医学知识等多领域前沿专业讲座。

4. 校际交流学，互相借鉴提升。学校先后与上海长宁区初级职业技术学校、英国北林肯郡圣哈格特殊教育学校等国内外知名特教学校建立了友好合作关系，开展了校际跟岗实践和交流活动。通过看课评课、科研展示、交流研讨等活动，大家互相借鉴，互通有无。教师对特教理念、教育教学、教育科研等都有了更高层次的认识和思考。

（三）加强青年教师队伍建设，提高青年教师素质

1. 实施"五给"政策，助推青年教师快速发展。"五给"政策指在青年教师成长过程中，给要求、给担子、给机会、给鼓励、给提拔。在"教坛新秀—教学能手—校学科带头人—区级骨干教师—市级骨干教师人选"的青年教师成长模式引领下，学校对青年教师实施的"五给"政策，助推了青年教师的快速发展。

2. 多种手段，提升青年教师专业技能和研究能力。结合青年教师发展需求，做到"六个一"，即坚持每天学习一小时，每周写好一次粉笔字，每学期上好一节展示课，申报一个个人"微""小"课题研究，深入一次普校挂职实践，承担一项学校工作；坚持"一个多"，即每周多听课。通过"专家引领＋师傅引路"的跟踪指导模式和"伙伴交流＋自主学习"的形式，青年教师的工作有了方向和动力，青年教师的专业技能和研究能力不断提升。

二、聚焦课程实施，探索个性化教学实践研究

（一）深入钻研课程标准，全面提升教学质量

2016年教育部颁布了《培智学校义务教育课程标准（2016年版）》，我校即刻形成了以省、市培训为基础，以校内教研组研讨为支撑，以个人自主钻研为主的学习、研究、实践模式，使教师学懂课标、用好课标的意识不断增强，快速理解、消化、运用课标的能力不断提升。通过研读和实践，课程标准在我校课堂教学、个别化教育中不断细化，学生得到更好的教育和康复，教学效果明显提高。

（二）深化课堂教学改革，不断追求教学品质

在全面深化课堂教学改革的过程中，我校始终秉承"一切为了学生终身发展"的理念，聚焦课堂教学，打造"双效"课堂（学生能力发展"有效"，教师课堂设计"高效"）。以课堂教学为主阵地，开展系列教学活动，围绕"年年有主题、期期有练兵"的工作思路，我校采取了全员参与、骨干引领、分层要求的措施，通过展示课、示范课、课例课、研讨课等形式，打造了康教结合课堂、信息化互动课堂、创新型特色课堂，使教师的教学品质逐年上升。

（三）发挥教研组职能，大力提升教师教学水平

坚持"聚焦教学、关注细节、追求实效"的教研思想，着力探索课堂教学新模式，充分发挥"医教结合组"和"学科组"两大组的作用，围绕学校教学工作重点、科研课题、课堂教学、专业领域研究等方面开展有计划、有目标、讲实效、有成果的教研活动。医教结合组在提升教师专业技能上下功夫，学科组在信息化、互动、高效课堂上下功夫，总结出"五一"集备策略和"三定三研"教研要求。"五一"集备策略指每周五教师将教学设计发送至教研组群内，供组内成员学习、借鉴、评议，撰写《特教中心集体备课组内成员评价建议记录》；周一组内教师对教学设计进行评价和反馈，备课教师根据大家的建议形成二次备课案。"三定三研"教研要求指教研活动要定时间、定内容、定中心发言人，要开展行动研究、

反思研究、案例研究。学有长进，研有成效，真正做到促进教师教研水平和教学水平不断提升。

（四）加强课程体系建设，努力做专业的特殊教育

一是致力于《艺术休闲学科课程标准》和《艺术休闲教师指导用书》的编写。我校组建以校长为核心、"骨干+青年"教师为主力的编写小组，通过反复研讨、专家论证、教育部审核，历时2年多，编写出版的《艺术休闲学科课程标准》和《艺术休闲教师指导用书》得到了特教同行的一致好评。学校先后举办了国家、省级"艺术休闲现场会"3次，多次应邀进行艺术休闲课标的解读。二是承担了教育部《培智学校义务教育实验教科书·生活语文》的编写工作，由校长和2名骨干教师作为编写组成员，部分青年教师承担了教材试教的任务。在他们的努力下，目前已完成4个年级8册教材和《培智学校义务教育实验教科书<生活语文>教师教学用书》的编写。三是承担大连市特殊教育地方教材的编写工作。中青年教师主动请缨承担工作任务，结合我校的实践经验，利用1年的时间，编写了"大连特殊教育地方课程丛书"：《感觉统合训练》《多元成长主题教学——语言活动》《多元成长主题教学——认知活动》，这些图书都已在辽宁师范大学出版社出版。四是编写"唱游与律动"学科教材的初稿。从学校学生实际能力出发，结合低年龄段学生身心发展的特点，我校两位音乐教师执笔编写了康复学段"唱游与律动"学科教材的初稿，目前已进入试用、修改和完善阶段。

三、推进多元化评价，实现学生个性化发展

（一）建立档案，全面记录学生发展轨迹

建立"3+X"学生发展档案，"3"指1本学生发展档案册、1本家校联系册和1个成长足迹袋。其中，学生发展档案册涵盖学生入学登记、医学诊断、残疾证书、教育评量、个别化教育方案、课程本位评估、期末评估测试卷等主要内容。"X"指个性化康复材料，包括语言训练档案、AAC（扩大和替代沟通）训练档案、大动作训练档案、沙盘治疗记录档案等。"3+X"学生发展档案全面、科学、个性化地记录了学生康复教育、九年义务教育、职业教育三个学段12年的成长与发展轨迹。

（二）建立闭环流程，实现评估、教育、康复一体化

贯彻"医教结合"的理念，采取医学诊断与教育评估相结合的方式，医生、特教专家、特教教师三方联动，为学生选择个性化量表做针对性评估。建立"评

估—评估组会议—制订个别化教育方案—召开研判会议—实施教学—再评估"的闭环流程,实现评估、教育、康复一体化。

(三)尊重差异,促进学生个性化发展

本着以课标为基、以生为本、尊重差异的思想,发展优势结合补偿缺陷,将能力基线结合兴趣爱好,教师制订结合家长参与,为每一名学生量身制订个别化教育方案,采取课程本位评量的方式,实施"集体+分层、走班+分层"的授课模式。

(四)多元评价,促进学生更大进步

对学生的评价,采取课堂与课外相结合、科任与班主任相结合、自评互评与师评相结合、过程评价与成果评价相结合、量化评价与质性评价相结合的方式,打破了以往教师评价、知识评价为主的局面,形成了评价主体多元化、评价内容多维化、评价方法多样化的多元评价方式。学生在多元评价之下,充满自信,拥有了更强的自我决策能力。

专业培训是特殊教师专业发展的首要环节,在专业化的培训中,教师不仅能把握特殊教育教学发展的方向前沿,还能拓宽特殊教育视野,促成教育理论与教学实践的有机结合,切实以自身的专业化发展为特殊学生的生涯发展提供支持与保障。

第二节 丰富校本研修,形成教师教学统一维度

学校教育想有效地进行管理体制创新,实现可持续发展,必须建立在完善的校本研修制度之上,从教育的实际,特别是学校的实际出发,以学校的发展为本,提升学校的办学品位。为此,我们提出这样的管理模式:以加强校本研修管理为前提,通过完善和加强制度建设、加大教科研力度,不断推进教学改革,促进学校的发展。下面就具体操作分享如下:

一、完善校本研修制度

所谓校本研修就是以校为本的教学研究,具体而言是教师在教学研究过程中以教学为中心而开展的研修活动。校本研修旨在满足学校和教师的发展目标与需求,提高教师的素质,进而提高教师的教学能力和教育质量,实现学校的可持续发展。我校致力于建设来自本校的校本研究体系,从制度的构建与规划的制定等方面引导教师在规范的轨道上进行专业发展,用机制和制度保证校本研究工作的

有效开展，努力提高教师的专业水平。

（一）建立校本培训制度

要适应学校的发展和教师的专业发展，推进以校为本的教学研究，必须重视开发教师内在的潜能，让教师通过学习来提升专业水平。校本培训的基本目标源于学校的发展要求，同时要满足学校每个成员的工作需要和自身的发展需要。因此，我们选择一些在学校和教师教育教学中经常遇到和亟待解决的实际问题作为培训内容，充分发挥学校内部的教育资源优势并邀请专家参与，开展各种形式的培训活动，来转变教师的教育理念和提升解决实际问题的能力。为保证校本培训有序而高效地开展，促进教学、学习和研究的良性互动，使学校真正成为一个学习型组织，我们开展了多种形式的培训活动，包括理论讲座、学习研讨、考察学习、专家引领和教育实践等。这些形式的校本培训成为提升教师教育理念、促进教师专业成长、培养科研型教师的有效载体。

（二）建立校本激励机制

在校本研修中，如何创新管理模式，建立科学、合理并能促进教师发展的激励机制，是我们一直思索的问题。我们根据学校实际，注重法治、强化德治、讲究情治，构建了突显学校个性的、有效的激励机制。

1. 导向机制。我们以学校的发展目标为导向，激励教师发展。宣传学校的办学思想、办学理念，组织教师多渠道学习，指导教师依据学校的发展目标选择岗位、制订个人发展规划，将教师个人发展与学校发展融为一体。为教师实现发展目标搭建平台，给予激励，在促进教师个人发展的同时促进学校发展。

2. 调节反馈机制。注重、强化过程管理，使管理过程环环相扣，不留空白。做到每天有记载，每周有通报，每月有奖惩，确保信息反馈渠道畅通。通过不断的检查指导、调节反馈，形成良性循环，提升学校管理工作的针对性和实效性，有力促进健康、奋发向上的校风、教风和学风的形成。

3. 奖励机制。为充分调动广大教工的工作积极性，进一步体现"多劳多得，优劳优酬"的分配原则，学校修订了绩效工资发放方案，出台了《教师专业成长奖励办法》。以岗位绩效为分配导向，学校改革了奖励制度，鼓励教师成为教育的行家，鼓励教师创新科研成果，鼓励教师为学校的发展贡献力量。对有实绩的教师实行优质优酬制，为优秀教师提供学习与培训的机会，激发教师自我发展、持续发展的积极性。

4. 评估机制。我校引导教师参与学校的管理，指导教师实现个人发展规划，开展教师的发展性评价，并组织教师参与对自己工作情况的检查和鉴定，建立"教师专业成长记录袋"，每学期组织一次个人发展评定，评价个人发展规划落实情况，评价由教师自评、互评与考核小组评价组成。考核结果重在为教师提供分析、查找问题的依据，便于其确定下一阶段的发展目标。这种变行政的"硬性"管理为教师的"人本"管理，给予了教师自我评价的主动权，成为记录教师个人成长轨迹的有形载体。

二、创新校本教研形式

在学校教学中，严格意义上的教科研，应当倡导以揭示规律、普遍指导教育实践为目的。我校鼓励每一位教师从事力所能及的校本研修，在研究中转变角色，变被动地执行为主动地建设新课程。我们通过构建校长领导、教研组长带领、教师个人参与的三级教研网络来开展校本教研工作并形成制度。

首先，由校长依据学校的发展规划制订校本教研的工作制度，如优秀教师参加高层次培训、骨干教师培养制度、师带徒制度、学习制度、青年教师培养制度等。校长根据上级有关政策制订本校长期和短期校本教研工作目标并监督实施。

其次，由教研组长依据教导处的教研工作规划制订专题工作制度，如加强教学基本功，制订教学进度计划；积极开展教学研究活动；组织教学研究课、公开展示课；及时总结、交流、推广教学经验，撰写经验论文；集体备课等。

最后，由教师依据学校的校本研修目标参与专题工作。全校教师都是校本研修的参与者、实验者，他们依据学科特点和自己的专长，选择自己的子课题进行专题学习研究，通过论文、案例、教学反思等，共享学习成果。

在校本教研中，我校推进了以下几种教研模式：

"群体学习"式教研。我们以专题研究为主攻方向，依据学校已经立项的课题以及教育教学中存在的问题确定研究专题，结合专题进行学习，组织案例研究，明确研究方向，调整方案，以"推荐与自选相结合，个体研读与群体研讨相结合，学习与宣讲相结合"的方式开展理论学习，培养教师善于思考与反思的工作习惯。教师在反复研读、理解、内化的基础上，勇于提出心中的假设，将内隐的经验与想法完全表现出来；同时，将理论融入通俗易懂的教学案例、生动有趣的课件中，向教师宣讲，共享理论学习的成果。

骨干教师引领的教研。学校充分发挥校内骨干教师的引领作用，成立中心组，指导青年教师，并与其他教师组成一个实践共同体，带领一些志同道合的教师对学科教学、特殊教育的热点与难点问题进行深入的研究与实践。由"学科中心模式"转向"主题中心模式"和"问题中心模式"，通过"骨干带教"实现共同发展。

不同背景教师组合的教研。诸如组织跨年级年段教研、跨学科教研等，教师作为独立的个体，有着不同的知识结构、经验背景及兴趣爱好等，这些不同背景的教师组合在一起，通过合作、交流与分享，完善了知识结构，从不同的角度和方面走进了新课改。

联片教研。学校之间共同合作，相互开放，相互交流，在立足于自己学校开展教学研究的基础上，充分挖掘不同学校的潜力和资源，从而实现优质资源共享，优势互补，谋求共同发展。我校和上海甚至英国等地的姊妹校结成了教科研互助学校，长期互通往来，两校领导、教师之间经常通过网络交流信息与资料，真正实现资源共享。我校还定期派教师到上海学习，这也使得我校的教研和教学发展得更快，少走了许多弯路。

在校本教研中，学校是校本教研的主阵地，教师是校本教研的主体，教学问题是校本教研的核心，行动研究是校本教研的主要方式，课例研讨是校本教研的具体形式。在学习、实践、研究、探索中，教师们的思想观念在转变，理论知识在丰富，科研意识在增强，研究能力在提升，教学质量也在不断提高。

三、做实校本研修课程

培智学校校本研修课程的主要目标就是要充分挖掘学生的学习潜能、提高学生解决问题的能力与社会适应能力，以满足其就业及独立生活的需求。由此，校本研修课程目标应具有以下三种功能：

其一，具有发展性功能，即通过教育使每名学生都能随着社会的发展接受新的知识，学有所成，全面发展。

其二，具有生态环境功能，即将学生置身于一个真实的成长环境中，尊重学生的自我选择，帮助他们学会重要的生活技能。

其三，具有导向性功能，即注重提高学生的生活质量，培养学生的独立性和参与社区生活的能力，使其增强幸福感。

特殊学生与正常学生的认知差异较大，传统的教材、教学内容、教学模式和教学方法不能适应特殊学生的社会发展需要。我校针对特殊学生的实际整合了学校课程，确定了教学内容、教材类型和课程的主框架，改进了教师的教学方法，助力每一名特殊学生的发展。

1. 针对个体差异，合理设立课程内容。对于特殊学生最有效的教育就是依据个别教育计划开展教学工作。特殊学生的课程内容也会因个体差异而呈现出多样化的特点。对于轻度障碍学生，我校开设了生活语文、生活数学、唱游律动、美工、劳动技能、运动康复、信息技术、艺术休闲等课程，帮助他们融入社会；对于中度障碍学生，我校设计了沟通、认知、劳动、运动、娱乐、自理、休闲等课程，培养他们自理、自立的能力；对于已满16周岁、已完成学校九年义务教育课程的学生，我校为他们安排了两年的职业教育，开设了计算机、生活、音乐与休闲、体育与健康、社会适应等基础课和烹饪、缝纫、手编、插花、美工、金工、木工、家政、客房服务、餐厅服务、陶艺等专业课，培养学生的生存能力。对于所有特殊学生，根据学生缺陷的不同，我校分别设立了心理康复、语言康复、肢体康复、自闭症儿童康复、社区儿童康复等康复性课程。

2. 依据实际，合理选用教材。为使不同层次的学生都能学有所成，得到最大限度的发展，我校根据学生接受知识的能力和实际需要进行了教材自编、教材选编和教材改编。自编教材是教师依据学校确定的单元主题自行编制的教材，它以实用为主，力争贴近学生的生活。这些教学内容涉及学生生活的方方面面，为他们将来生存于社会打下基础。选编教材是教师根据学生的接受能力而为学生选编的教材，包括培智教材和九年义务教育教材。选编教材选择的内容大都是实用的、贴近生活的，如将古诗文作为晨读内容，将科普类文章作为课外阅读内容等。改编教材是配合单元主题教学进行了改造的教材，主要针对除语文学科外的其他学科，教学内容根据单元主题教学的要求进行适当的改动。

我校设置的这三类教材，是根据我校学生接受知识的能力和实际需要来选择的。另外，在编写教材时，我们特别强调要加强课程内容与学生生活、现代社会和科技发展的联系，关注学生的学习兴趣和学习经验，精选终身学习必备的基础知识和技能，使学生终身受益。

3. 实行多样的教育方式，提高教学效果。在实际教学中，根据学生的差异，我校选用了单元主题教学、跨年级分能力教学、同级分科教学和个别辅导教学的模式，使学生日有所进、日后有为，满足学生应付将来就业及独立生活的需要。单元主题教学，就是将语文校本教材分为18个单元、54个课题来进行，其他学科的教学内容都围绕这些主题内容来进行。如，本月的单元主题是"交通"，其他学科则都会围绕"交通"这一主题进行教学。跨年级分能力教学，就是把学习能力相近的学生集中在一起授课，打破了班级、年级的限制。如，数学课我们就采取了这种方法，在同一时间把不同年级但数学能力相近的学生编排在一起进行教学，避免因学生差异太大导致教师授课困难。同级分科教学主要针对那些小肌肉发育不健全的学生，在班级其他同学上计算机课时对他们进行感知肌能训练。个别辅导教学是为有特殊需要的学生制订个别教学计划后进行个别辅导，包括矫正和拔高两种类型。课程设置合理、教材选用科学、教学方式适当，这使得我校教学效果不断提高。

我校校本课程全面实施以来，学校面貌发生了很大的变化，教师的素质有了显著的提高，学生的各方面能力也有了很大的发展。实践使我们深深体会到只有加强校本研修，才能促进学校的发展。

第三节 规范师德培养，筑牢教师爱岗敬业情怀

"古之学者必有师，师者，所以传道受业解惑也"，自古以来我国就有尊师重道的传统。教师一直都是人们心中伟大而又神圣的职业，人们也经常把教师这一职业喻为"灵魂的工程师"。这说明教师在对学生的道德品格素质的培养上起到重要的引导和模范作用。"学高为师，德高为范"，师德更是教师所应具备的一项最基本的素养。一名合格的人民教师所肩负的责任不仅仅是传递知识、传承文化，更是在育人的道路上成为引导者。尚在中小学进行学习的学生们身心发展尚未成熟，世界观、人生观以及价值观容易受到外界的影响，教师的自我道德素质将会对学生产生直接而深远的影响。

师德有广义与狭义之分，狭义的师德指的是教师的职业道德。教师职业道德是在教师职业劳动产生之后逐渐形成的一种职业道德的特殊表现形式，是"教师在从事教育劳动过程中形成的，用以调节教师与他人、教师与社会、教师与集体等相互关系时所必须遵守的基本道德规范和行为准则，以及在此基础上所表现

出来的道德观念、情操和品质"，包含了职业信念、职业态度、职业职责与职业作风等内容。以此为理念指导，教育部颁布了一系列文件，进一步明确了教师的职业道德规范和专业标准，以促进教师的职业化和专业化发展。通过1984年、1991年、1997年、2008年对《中小学教师职业道德规范》的几次修改可以看出，在不同的时期，国家对教师的要求，对教师职业道德的要求都在不断提高。

我校始终注重弘扬高尚师德，通过强化意识形态工作，完善以"强师德、正师风、铸师魂"为主题的师德作风建设工作。学校以"师德建设年"活动为契机，完善了师德考核制度，通过签订《师德师风责任状》，促进教师开展自我反思、自我剖析，实事求是地排查问题。通过"半月谈"开展教师生命共同体讲坛、师德大讲堂、专题报告会、讲座会议等多种形式的活动，创设师德师风建设工作载体，提振广大教师精神面貌，同时自觉主动接受家长和社会公众的监督。学校还开展了阳光工程系列活动，推出先进典型，传播教育行业的正能量，营造"讲师德、重师德、比业绩"的良好氛围，在不断提升教师的社会责任感和职业奉献意识的同时，也带动区域普通学校的随班就读教师、送教上门教师，让他们在"讲良心、负责任、有本领"的价值传承和事业追求中永不停步。

伴随着我校筑牢师德工作的日益推进，以特教中心师德为根基的师德辐射面越来越广，在本区域内引起了热烈的反响。负责随班就读的普通学校教师也开启了新型师德的发展纪元，在回收上来的师德案例中，有许多让人为之动容的师德案例，这让区域随班就读工作更加有温度，教师们的点滴行动都在推动区域的随班就读工作。下面就分享一下优秀案例，与大家共同体会弘扬高尚师德带给我们的温暖与感动。

案例一：星语心愿

逃开我的手

一年级开学第一天，刚刚安抚过哭闹着要找妈妈的孩子，全班好不容易有了两分钟的安静。这时，校长来敲门，带来了一对母子。母亲用畏怯的眼神望着我，她身边的男孩子留着短平头，正瞪着乌黑的大眼睛四处张望，长长的睫毛被晨光打出漂亮的剪影。

"先让他试上一个上午吧，看看情况。"校长慢声轻语，满眼为难。我知道，人已到门口，必定是领导经过了仔细斟酌的。

但没有接触过任何自闭症孩子的我，还是在心里打起了退堂鼓，连声向校长说道："校长，我班已经有一个听力有障碍的孩子了，能不能不要这么集中地安排在我们班？"

"校长，我没有任何接触自闭症孩子的经验啊！"

"校长，哪怕是残疾的孩子我都愿意接受，可是自闭症是没办法交流的，这是精神类问题，应该去特殊学校啊！"

……

最终，校长对我的认可与鼓励打消了我的重重顾虑。我开始试图接受并仔细打量起这个孩子。这孩子鼻直口方，五官端正，嘴角还噙着一抹似有似无的微笑，如果不提前声明，谁会相信这是一个自闭症孩子呢？我的心不知不觉地对他疼惜起来。只要他能安静地坐在教室的一角，我想是可以接纳这样一个特殊而不幸的孩子的。

自闭症，在我的印象中只有模糊的字眼：来自星星的孩子、不能与人对视、无法与人正常交流、活在自己的世界里……能和眼前的孩子联系起来的症状，就只有在我试图拉他的手带他进教室时，他一下跳开了，犹如触电。我的第一次挫败，就是从他跳开的那一瞬开始的。

不解我的情

进入教室，妈妈安排他看书后就离开了。短暂的纪律整顿后，我开始讲一天的上学流程。然而我刚刚开口，在整肃的班级的一角就传来了机械朗读的声音。52双眼睛看向他，然后是哄堂大笑。

"王征，安静！"我走到他面前，合上他的书。他一脸执拗，抢过书再翻开，继续读。"王征，老师说现在不能读，回家才可以。我们在上课。"

他把头埋到书本里，不再读了，但仍然不停地、机械地说着一句话。那个上午，我一直没有听清楚他在说什么。直到他的妈妈来了才告诉我，他说的是"放学是不是去小姨家？"

这是我的第二次挫败——我根本无法让他停下来。那一个上午，我就是伴着他的声音上完了两节课，直到他的妈妈来接他走。

扰乱我的心

就这样，一连半个月，每天我都在和家长反馈孩子的问题：他对着同学耳朵大喊；他拉着同学的手狂跑；他上课时突然发笑；他把美术用具袋里的小刀的尖头塞进嘴里；他把咬了一口的炸鱼排扔回全班打饭的菜桶里；公开课上，他突然大笑并不断地自言自语，影响了整堂课的效果……

每一次，他的妈妈都在用恳求的语气保证他会改变，她实在不忍心把孩子送去特教中心。因为，和特教中心的孩子相比，他的状况是最好的……然而，每一天都会有出人意料的问题困扰着我，每一天都有好多孩子来我面前告王征的状。

"王征妈妈，您这是在牺牲其他孩子受教育的权利，为你的孩子创造学习环境！"两个月了，孩子根本没在听课，我不明白为什么要让这样一个孩子进入普校班级，只是为了看孩子吗？那一天，我疲惫焦虑到顶点，一句话脱口而出。

我立觉失言，我和孩子妈妈陷入了长久的沉默。孩子妈妈满脸涨红，眼里蓄满了泪水。而后，她艰难地开口："老师，您说得对。但是，我能怎么样呢？我也想过放弃，可是他爱上学啊！"话音刚落，孩子妈妈的眼泪就流了满脸。

"对不起。"我道歉，拍拍她的肩膀，"再增加治疗的时间吧。"

对视我的眼

又是一节美术课，孩子又一次不明原因地大笑。我愤怒地抬起头，眼睛扫向王征。奇迹般地，这一次他注意到了我的眼神，竟然瞬间和我对视起来。我心里一震，然后尽量长时间地保持和他对视，在这期间，他居然也长时间和我对视起来。他居然可以直视了！这一刻，就像冰封的河流有了一点裂缝，我多么渴望完全解冻的那一天。我小心地站起来，保持和他对视的姿势缓慢地走动，孩子的眼睛竟然也能追随着我移动。眼睛里是满满的怯意和歉意。

我的心又一次酸软了起来。是的，他和我交流了。

从那以后，我俩像是有了一种默契。他犯错误时，我尽量减少口头制止，而是用眼神示意。他每每对上我的眼神，就会立刻收敛坐好，保持几分钟的标准坐姿。这是一种无声的批评，也是一种默契的游戏。有一次，我用眼神示意全班同学迅速坐好，正处于兴奋状态中的孩子们响应得非常缓慢。然而，王征却是最快响应我的孩子之一。我高兴地大声说："看，王征都坐好了！现在，老师觉得王征最帅！"我说完，全班孩子立刻坐好。在他们心中，我并没有种下歧视的种子，从第一天王征出现异常行为开始，我就对全班学生说："王征只是需要时间适应我们的学校生活，大家要好好帮助他。"而此刻，善良的种子生发出娇小美丽的嫩芽，孩子们把王征当成了小榜样。

我清晰地看到了，坐在角落里的王征微微侧头隐隐含笑，小帅哥真的不好意思了呢！那一刻，他羞赧的笑真的是天上最璀璨的星。

再后来，我尝试发挥王征的特点让他逐渐融入课堂学习。比如，他对数字天生敏感，口算速度非常快。我就在全班口算抢答和接龙时适时给他机会，而且抓住一切机会表扬他，并让他在教室前面前看到同学们赞许的目光、听到同学们鼓励的掌声。

现在，王征的笑越来越多了，我开始和他的妈妈产生一样的心情——爱他，并对他的进步有越来越多的期待。像每一个自闭症孩子一样，虽然他在克服一个又一个问题，但每天还是在出现新的问题。然而我相信，在这样的翻山越岭中，这个来自星星的孩子，正在走近我，融入我们丰富多彩的生活。

案例二：特别的爱，特别的你

> 对于特教老师来说，无差别的爱是我们在日常教学中所坚守的。特教老师无私而伟大，不仅在教育岗位上兢兢业业，也为社会贡献出自己的力量。刘先轶老师是我校的信息技术教师，除从事日常信息技术教学，负责学校信息报、设备维修等多项事务外，还积极参加社会志愿者活动无私奉献。他的工作非常烦琐，但他却无怨无悔，他的故事值得我们学习与回味。

你眼中的暑假是什么样子的？睡觉睡到自然醒、熬夜追剧、空调房和清凉多汁的西瓜……突如其来的疫情或许改变了你眼中暑假的模样：足不出户、严防死守、每天密切关注着疫情的变化……还有一群人，他们的暑假和所有人都不相同。在这段特殊的时间里，他们的暑假比工作日更为辛苦、忙碌。从前，他们有一个共同的名字"特教教师"，现在他们的名字变成了"防疫志愿者"，当然，更多的人愿意称他们为"最美逆行者"！

又是一个清晨，特教中心的刘先轶老师比前几天又早了一些时间出门。一儿一女还沉浸在孩童甜美的梦里，而他已准备驱车出发，接几位同事一起前往今天的核酸检测站点进行志愿服务。

在上午紧锣密鼓连续工作几个小时后，午休是老师们一天当中唯一获得片刻喘息的空档。大部分老师都是好几天连轴转，有的刚坐到椅子上就能眯过去。面对这种情景，刘先轶老师只是默默回到最前线，希望借机再帮大家减轻一点儿负担。有同事发现后担心他的身体状况，主动要求替换他，他拗不过就起身走到一边，趁人不备又跑到另外一个工作岗位继续埋头苦干……

不知内情的人哪里知道他是一个癌症手术结束不满一年的病人呢？其实连家人也不尽然知晓这其中的情况。两个孩子都在学龄前的年纪，去年秋冬因为手术及术后放射隔离的缘故刘先轶老师许久没在孩子们面前露面，赶上这几天早出晚归做志愿工作，孩子们又见不到爸爸的踪影。这一切在年幼的孩子眼里都不免成了困惑，嘴里时常冒出一串疑问："爸爸去哪儿啦？""爸爸又去哪儿了？"有时同在教育系统内的妻子也要到前线支援防疫工作，孩子们在特殊时期又没有幼儿园可去，只好托付给老人照顾。领导体恤他的情况，原本并没有同意他的"请战"，可他一再坚持，领导最后还是接受了他的请求。极度负责任的他每天都是最后一个收工，做好最后的数据整合、统计工作并确保无误后，才会拖着疲惫的身躯踏上回家的路。有时结束一天的志愿服务工作后，刘先轶老师还会前往妻子所在的站点，义务帮助该站点完成数据录入工作，然后才接上妻子一同回家。

夜色深沉，风尘仆仆回到家，悄悄推开孩子的房门，看着孩子熟睡的小脸，身为人父的他心里或许只有一句最朴素的话语：等忙完了这阵，爸爸再陪你们玩耍、学习……

每一位冲在防疫前线的特教中心教师身后，都有一个让他们牵绊的家庭。但是为了更多的家庭，他们牺牲小我、成就大我，用汗水筑牢抗疫长城，把最特别的爱给最特别的你……

专业发展就像一盏明灯，照亮了每一名教师的职业发展之路。然而，教师们必须清楚地认识到在专业化发展的路上所要经历的艰难险阻，明确实现专业化发展并非一朝一夕之事，而是日积月累的不断探索。在专业化发展的道路上，每一名教师都是自己的践行者与彼此的监督者，在专业化发展的潮流中，每一个人都应该紧跟时代、奋勇向前。特殊教育教师自身的力量是渺小的，而成千上万名特殊教育教师在专业化的引领下同心协力，就一定会取得更为丰硕的收获，为我国特殊教育事业的繁荣发展添砖加瓦！

第三章 改革与优化学校课程体系

近年来特殊教育快速发展，特殊学校的教育对象也在发生变化，轻度的学生多数选择随班就读，而中重度的学生更多地选择走进特殊教育学校。教学对象的变化，让培智学校的教育模式改革势在必行，作为学校教育模式的外在表现的课程体系亦亟待改革。遵循何种课程理念、依据什么设置并实施课程、如何以课程促进学生的发展等一系列问题成了广大特殊教育研究者与特殊教育教师最为关注的问题，课程体系改革的取向与趋向也引发了空前热议。

在我国，培智学校的课程体系建设起始于20世纪80年代末期。教育部先后于1987年和1994年分别印发了《全日制弱智学校（班）教学计划（征求意见稿）》（下文简称《计划》）与《中度智力残疾学生教育训练纲要（试行）》（下文简称《纲要》），二者对培智学校课程的实施具有一定的借鉴与参考价值。然而，由于缺乏配套的课程标准与教材，且学生之间差异显著，培智学校课程实施表现出了极强的随意性，课程体系的建设仍处于探索阶段。

2001年，教育部印发的《基础教育课程改革纲要（试行）》提出了校本课程的概念。校本课程广义上是指校本化的课程，即学校在符合国家核心标准的情况下，对学校所有课程进行校本化的改造与建设。以此为指导理念，部分培智学校困则思变，开始在《计划》与《纲要》的基础上完善校本化的课程体系，使得培智学校课程体系得到了一定的进步与发展。

2007年，教育部颁发的《培智学校义务教育课程设置实验方案》（下文简称《方案》）全面分析了培智学校学生的认知特点与发展需求，构建了"7+5"的课程体系，即7门一般性课程与5门选择性课程，同时，《方案》还着重强调培智学校应全面推进个别化教育，为每个智力残疾学生制订和实施个别化教育计划。在《方案》的引领下，全国各地培智学校均加入了课程改革的潮流，进行了个别化的课程改革实践，例如，通过明确本校的教育理念与教育目标组织教师编写教学大纲与教材；再如，以模块课程、综合课程与生态课程等为抓手开展跨学科的教材编写。这些实践也标志着我国国家层面的培智学校课程体系改革正式开启。

2016年,《培智学校义务教育课程标准(2016年版)》(下文简称《课程标准》)正式颁布,提出培智学校应兼顾开设生活语文、生活数学、生活适应、劳动技能、唱游与律动、绘画与手工、运动与保健七门一般性课程与信息技术、康复训练、艺术休闲三门选择性课程。其中,一般性课程为必修课,选择性课程则为学校依据所属区域环境、学校特点与学生潜能开发需要等设计的可供选择的课程。同时,《课程标准》还提出了相应的课程实施要求,包括一般性课程与选择性课程相结合、分科课程与综合课程相结合、生活适应与潜能开发相结合、教育与康复相结合、传承借鉴与发展创新相结合及规定性与自发性相结合。此外,以《课程标准》为导向,部分学科的教材也正在不断地出版与修缮,培智学校课程体系改革实现了质的飞跃。

大连市甘井子区特殊教育中心始终致力于课程体系的探索与实践,坚持以《课标标准》与学情为依据,着眼于课程体系的完善与课程实施的优化,取得了骄人的成绩。本章共分为三节,第一节为依据课标有效促进学生发展,讲述了我校教师在集体课程中对课标理解的输入及在教学实践中的输出。第二节为依据学情多维开展差异性教学,讲述了以生为本的课程理念引领下的个案研究与差异性教学的实施。第三节为依托艺术休闲提高生活品质,讲述了我校对所承担的艺术休闲课程标准的开发与解读并以此为契机开展的培智学校艺术休闲课程的开发研究。

第一节 依据课标有效促进学生发展

课程体系是指在学校的校园文化与办学理念的指导下,以学校自身的内外部条件为基础,开发并实施的一系列体系化的课程模式,其目的在于促进学生的知识技能发展与社会的融合。课程体系建设是一个动态延续且与时俱进的过程,而如何充分理解并掌握这一动态因素,实现价值最大化,需要一个提纲挈领的稳定性因素来发挥调节作用。

《课程标准》的颁布表明培智学校课程体系改革进入了教学实施与检验的重要阶段,它为培智学校课程体系建设提供了理念上的指导与方法上的参考。《课程标准》涵盖了各学科的前言、目标、内容与实施建议,其中前言部分分析了学科的性质、基本理念与设计思路;目标部分分析了学科的总目标与分目标;内容部分分析了学科的总内容与分段内容或分块内容；实施建议部分则分析了学科的教学建议、评价建议、教材编写建议及课程资源开发与利用建议。《课程标准》涉及课程的各方面，是培智学校课程实施的一条准绳，使校本化的课程实施有据可循，助力培智学校课程体系的完善与课程实施的优化，推动课程价值的体现与课程意义的彰显。

基于此，我校在进行课程体系改革的实践中时时处处以《课程标准》中的内容与内涵为总基调，不断创新、充实课程架构，实现课程体系的科学性与实效性。此外，全校教师均按照所授学科对《课程标准》进行了深入的学习与教研，最终形成了各种形式的文本成果，为后续课程发展奠定了良好的基础。对于《课程标准》的学习成果的展现形式是丰富多维的，在深刻理解课程之时我校教师也在积极地将知识输入与效果产出进行结合，多方面提升着课标应用的内涵，使课堂教学更加科学、有效。下面结合教学实例谈谈依据课标有效促进学生发展的过程。

案例一为语文教研组针对《培智学校义务教育生活语文课程标准（2016年版）》（下文简称《语文课标》）的落实形成的思考，案例二为康复训练组教师以自闭症儿童为例撰写的集体康复训练中分层教学理念的实施与应用，案例三是部分教师教学设计的节选。希望多维的呈现形式能为大家带来多重思考。

案例一：

落实《语文课标》过程中的几点思考

《语文课标》提出，生活语文课程是培智学校义务教育阶段的一般性课程，是一门学习语言文字运用的综合性、实践性课程。《语文课标》将普遍性与特殊性相结合，在体现语文课程工具性与人文性特征的基础上，融入了生活性的特征，从特殊学生的实际出发，树立了"以学生为本"的课程观，强调"以生活为核心"的课程理念。生活语文课程将语文教学根植于现实生活，引导学生通过观察生活、感知生活和体验生活来学习和应用语言文字，培养其基本的听说读写技能与适应生活的语文学科素养，以助其更好地适应并融入社会生活。

随着融合教育的发展，越来越多的有轻中度障碍的学生融入了普通学校，而培智学校学生的障碍程度也日趋严重，在语文学习中存在着动机缺乏、自控能力差及学习效率低等问题。此外，特殊学生极易受自我情绪的影响，难以根据场合和对象的变化适时调节控制自己的情绪和行为状态，能够集中注意力于自己感兴趣的事物，而对于不感兴趣的事物常常不加理会，甚至表现出排斥与倦怠。基于此，培智学校语文教师在落实《语文课标》展开教学时，要做到充分分析学生情况、分层制定课程目标、综合选取教学方法及合理进行学业评价。

一、充分分析学生情况，了解学生语文学习基础

学情分析是指教师在教学设计过程中了解学生的学习准备情况。《语文课标》要求生活语文课程要注重学生潜能开发与功能改善的有机结合，特别关注学生的个体差异，高度重视不同程度、不同障碍类型学生学习语言文字的特点和学习需求，科学评估学生的特殊需要，根据个体的语言发展特点，通过多种方式开发潜能，将发展的可能性变为现实性。学生是课堂的主体，充分分析学生情况，正确认识、合理评估学生的身心发展特点，具体分析每一位学生的学习特征与学习情况，有助于教师了解学生语文学习的基础，找到其最近发展区，使教师对学生的语文教学更加切实、有效。

学情分析是培智学校生活语文课程教学的基础，教师在分析学情时应注意全面性与具体性。就全面性而言，教师不仅要明确班级中学生的人数、障碍类型及障碍程度，还要了解学生参与学习的能力和知识储备。专项评估是进行学情分析的首要环节，在培智学校班级中，学生障碍类型多样，通过全面的专项评估，教师可以充分了解到不同障碍类型学生的学习特点及学生间的个性特征，以便更为科学地设定教学起点。就具体性而言，教师要在学生已有语文能力的基础上，充分挖掘学生的语文学习潜力，并做出具体的描述分析。在评估过程中，教师要避免出现"会"或者"不会"的绝对性评价，而是要通过系统提示等支持与辅助手段使学生尽可能达到评估目标，并对支持辅助的方法作以明确说明，为后续的课程设计及教学提供参考。

二、分层制定课程目标，增强学生语文学习效果

在制定课程目标时，要明确该课程中最为重要的知识及其价值。《语文课标》把生活化的语文知识视为语文课程的重点，将生活语文课程的价值归结为对特殊学生思维的发展、功能的改善、文化知识的学习与生活技能的形成。教师通过分析学情，可以对学生的基础能力与学习特征有一个基本的了解，再将基本能力与学习特征相近的学生编为一组，在制定目标时就可以为各组学生分别制定目标，

充分满足《语文课标》中尊重学生个体差异要求，使每组学生都能在自己的最近发展区中有语文学习的成功体验，提高语文学习的兴趣。

《语文课标》指出，课程目标是教学的重要依据，教师应根据学生的语文学习起点与教育需求整体设计教学目标。《语文课标》根据特殊学生发展的个体差异，为生活语文课程分别制定了一般性课程目标与选择性课程目标。教师在制订分层教学计划时，首先要确保学生组内同质、组间异质，其次要处理好一般性课程目标与选择性课程目标之间的关系。教师应综合考虑特殊学生的实际，合理分层并分别制定课程目标，以一般性课程目标为基础要求，应用于集体教学；以选择性课程目标为发展要求，应用于分层教学。教学目标的分层主要表现在学习任务量、辅助程度及达成度等方面的差异。通过制定分层教学目标，可以使所有学生最大限度地获取生活语文课程知识，增强其生活语文的学习效果。

三、综合选取教学方法，激发学生语文学习热情

培智学校生活语文课程教学法应在传统教学法的基础上结合特殊学生的学习特征不断优化创新。《语文课标》在课程理念部分提出，生活语文课程要根据特殊学生的特殊需要，为学生通过感知、体验、参与等多种方式进行语言文字学习创造条件，重视创设生活化情境，使学生能在真实的语言活动中感知语言、丰富体验、有效参与，发展学生的语言运用能力。此外，《语文课标》在实施建议部分还提出根据学生身心发展特点，遵循学生身心发展规律，根据学生的特质和能力，为学生提供恰当的支持，以提高语文学习的适应性与有效性。由此可见，培智学校语文教师在选取讲授法、演示法等传统教学方法的基础上，还应综合融入情境教学法及直观性教学法，以补偿特殊学生语文学习的缺陷，激发其语文学习的热情。

就情境教学法而言，特殊学生的课堂代入感较差，学生难以融入课堂。选用情境教学法，使学生在已掌握的生活情境中展开学习，有助于激发其语文学习的主动性。在创设情境时，教师要兼顾学生的已有知识、经验与发展特点，有意识地选择学生生活中的素材，保证他们得到适宜的教育，提高语文教学效果。例如，在高年段的《狐假虎威》一课中，学生对狐狸"狡猾"的特性难以理解，在课堂教学中，教师先对课文中狐狸的行为进行概括，让学生通过本文对"狡猾"有初步的感知，而后示范并请学生用狡猾的语气朗读文中狐狸的语言，最后请同学上台来表演狐狸的狡猾动作并加以指导。通过感知、体验、参与，语文课堂的内容立体了，课堂氛围活跃了，这促进了学生对语文知识的理解，并有效扩充了学生的生活知识经验。

就直观性教学法而言，特殊学生注意力集中时间较短，对知识的理解、接受与运用能力较低，以直观教学法作为一种支持手段，使语文知识形象化、生动化，简化语文知识的输入过程，有助于学生学以致用，实现《语文课标》中将生活化的语文知识运用到社会生活之中的要求。通过直观性教学，将图片、音频、视频甚至是实物引入课堂，可以充分调动学生用多感官观察，以补偿其自身学习能力的不足，同时还可以提升其在生活中发现问题、提出问题并解决问题的能力，提高语文学习的参与度，为后续学习夯实基础。

四、合理进行学业评价，提高学生语文学习素养

学业评价过程本质上是一个确定课程与教学计划的实施达到的课程目标程度的过程。《语文课标》在评价建议部分提出，生活语文课程评价的根本目的是促进学生发展，改善教师教学。评价应充分尊重个体差异，始终坚持生活导向；充分发挥评价的多种功能，实时为学生提供多种支持；恰当运用评价方式，真实反映学生的发展轨迹。培智学校语文教师在为学生进行学业评价时，要了解学生最真实的状况，选择最适合学生的评价方式，激励每名学生都能通过努力获得成功。教师还要关注生活语文课程的人文性，在对学生语文知识技能评价的同时，也要兼顾对学生语文素养发展的评价。

一方面，培智学校语文教师应重视过程性评价。过程性评价是在教师与学生互动过程中进行的评价，能够及时反映出教学前后学生对知识的掌握情况，便于教师后续调整教学方法及教学内容。在语文课程中采用过程性评价方式，教师在教学过程中可以对学生进行多次评价，这有利于教师实时掌握学生学习情况，学生的反馈还有利于教师发现学生的语文学习潜力，从而提高生活语文教学的有效性。另一方面，培智学校语文教师应重视质性描述。质性描述多以描述学生学业过程中的情感及态度的变化为主，通过质性描述，教师可以真切地感受到学生在学习过程中思想层面的转变。《语文课标》中提出要培养学生正确的人生观、价值观的要求，提高语文素养对于培养学生的公民素养有着重要的意义与价值。在语文学业评价过程中，采用质性描述的方法，关注特殊学生语文知识层面内容的同时，重点关注其思想层面的变化，可以在努力提高学生语文素养的同时，切实地为学生适应生活、适应社会及实现终身发展奠定基础。

落实课标精神，提高特殊学生的语文知识技能，培养学生的语文素养是一个长期的过程。培智学校语文教师应加强课标学习，不断提高自身的教学能力，在教学过程中担任好主导者的角色，用积极的态度面对教学、用发展的眼光看待学生，实现并升华生活语文教学的价值，助力特殊学生的发展。

案例二：

孤独症儿童集体康复训练中的分层教学

在培智学校，孤独症儿童康复训练的课程模式包括集体课、小组课与个训课三种。依据儿童发展的几大主要领域，一般设置认知、言语、社会适应、精细、感觉统合等多种门类的集体课。由于孤独症儿童存在着显著的个体间差异，且每个个体内部依然存在着各个方面不同程度的发展不均衡，如果要使集体课能够真正兼顾孤独症儿童的个体差异，实现每个学生最大限度地发挥潜在能力，使其发展到最佳状态的特殊教育目标，打造高效的教育康复课堂，那么寻找一个适合学生的，并能贯彻因材施教原则的集体课教学模式是十分必要的。

分层教学法是一种强调学生的现有知识、能力水平，强调分层次开展教学活动，强调所有学生都能得到应有提高的教学方法。根据孤独症儿童个体间以及个体内部的巨大差异，在孤独症儿童的集体课教学中，我们从以下几方面进行了分层化的教学实践探索。

一、分层化的教学对象

孤独症儿童在认知、运动、感知、生活自理、沟通、社会适应等方面的能力水平与正常儿童有明显差异，而这些儿童之间及其内部的各个方面也存在很大的差异。例如，一名孤独症儿童与其他孤独症儿童相比，言语表达能力较弱，粗大动作的模仿能力较强，但这两方面的发展水平却远低于他自身的认知能力水平。这就要求集体课在体现个体间融合的基础上兼具针对性。因此，在上每一门集体课时，我们都要通过各种方式的调查，了解学生各个方面的能力等基本概况，对全体学生有一个基本稳定的分层分组。

在认知课的集体教学中，依据学生知觉、记忆、注意、思维和想象等方面的能力基础，可以初步将学生分为A、B、C三个固定的层次，每个层次2~4名学生。A层学生在知觉、记忆、注意、思维和想象等方面都相对较好或者至少其中某三个方面较好；B层学生则可以是各方面能力都处于初步发展阶段或者某一两方面能力较好；最后将一些不具备任何方面突出能力、在短时间内根本无法或者不愿意参与到教学活动中的学生分为C层。而到了言语集体课教学时，教师则需要依据学生在语言模仿、记忆、理解、表达等方面的能力重新分组分层。可以为每个层次的学生起一个可爱的组名，如草莓组、葡萄组等，来保护具备理解能力的学生和参与教学辅助的学生家长的自尊心。教师再以此为初步的依据，进行其他相关教学准备与教学设计。

由于孤独症儿童具有较大的个体内差异，即自身在各个方面能力发展的水平、发展的速度是不一致、不稳定的，因此在不同的集体课程中进行不同的康复训练项目时，教师除了依据初始的分组分层外，还要依据学生在每部分教学内容或环节中的具体表现、参与活动的效果及时、灵活地调整分组。

二、分层化的教学目标

教学目标是教学工作的出发点，在集体课教学中，教学目标的设定应依据教学对象的基础层次确定。根据孤独症儿童能力水平的层次不同，制定出分层的教学目标，从而选择不同的教学方法，以满足各层次学生的发展需求，达到较好的康复效果，促进学生的发展。

例如，在"沙画——美丽的气球"一课中对孤独症儿童进行手部精细动作康复训练时，A层学生的目标可以制定为：独立或在言语提示下用大拇指、食指、中指正确捏、捻沙子作画；B层学生的目标可以制定为：在手势提示或半辅助条件下，用大拇指、食指、中指正确捏、捻沙子作画；C层学生的目标可以制定为：用整只手抓、撒沙子作画或在全辅助条件下用大拇指、食指、中指捏、捻沙子作画。这样的目标既在每层学生的能力范围内，又能给予学生努力的空间，若能达成目标，则会得到老师和家长的表扬，体验成功的喜悦。

三、分层化的辅助等级

孤独症儿童行为的刻板性以及兴趣的狭隘性决定了他们很难接受新事物，在思维、人际关系、语言沟通、智力等方面的严重不足，有可能导致他们产生哭叫、跳闹、自我伤害、攻击他人等行为。失败所带来的挫败感更会使他们逃避甚至永远不再去接触新事物。因此,"辅助"的正确运用是十分必要的,辅助是从学生接受新的学习内容,到逐渐掌握此学习内容,最终独立运用此学习内容的整个过程中最重要的因素。当接受一个新的学习内容时,辅助能够使学生一下子就体验到成功的喜悦,获得他想要的强化物,从而主观上愿意去继续接受新的刺激,学习新的内容。

孤独症儿童早期接受康复训练时大多是由家长陪读的,也就是说,在集体课中,辅助的运用者不仅仅是教师,更多的是陪读的家长们。这就要求教师在对学生进行固定分层的基础上,依据学生新学习内容的初始能力基础,制订分层的辅助等级,并提前将此等级辅助的具体内容告知陪读的家长,以便家长进行及时有效的辅助。

例如,在集体课"沙画——美丽的气球"中,我们应该提前告知A层学生的家长,尽量让孩子独立完成或给予孩子言语上的简短提示。B层学生的家长则需要用手势提示或伸出自己的手帮助孩子控制其余三指,以便孩子用大拇指、食指、中指捏、捻沙子作画。C层学生的家长有可能需要完全辅助孩子做出捏、捻沙子的动作。

四、分层化的活动设计

在集体课训练中,游戏活动的设计是必不可少的,是巩固学习内容、加大学习难度、综合各个方面学习内容的重要部分。因此,活动的设计要根据课程标准的要求,结合教学内容和学生实际,尽量做到使全体学生都有适合自己水平的游戏活动。可以为A层学生设计一些过程复杂、难度大、质量要求高的综合性游戏,使每个学生在原有基础上都能有不同程度的提高。B层学生的游戏过程可以在A层的设计基础上降低质量上的要求,撤掉一些难度过大的小环节,并引导B层学生按要求独立完成。对于C层学生,可以再次降低难度,让他们在家长的辅助下完成大多数的游戏活动。

五、分层化的教学评价

在集体课教学实践中,对不同层次的学生采用不同的评价标准,用心去寻找每个学生的闪光点,及时肯定学生的点滴进步,这对调动其学习的积极性起着很大的作用。在评价标准相同的情况下,教师也可以对评价形式进行分层,这就要求教师要了解各种刺激物对学生的刺激强度,并将刺激物划分等级,然后对学生不同的表现给予不同层次的评价。例如，同样是A层的学生，在竞争型游戏活动中，对于表现出强烈竞争意识的学生，可以给予物质奖励，比如即食性快速消费的小食品；对于表现稍好的，奖励学生与家长进行拥抱、亲吻等；对于没有表现出任何竞争意识，但是能完成整个教学活动的学生，可以直接给予"你做得很好""你真棒"等简单的言语表扬。差异性的评价形式可以刺激学生努力争取最高的评价。

实施分层教学让集体课的课堂质量有所提高，孤独症儿童的康复效果也十分显著。实践证明：在实施分层教学的集体课中，整个教学活动都能面向全体、分层优化，没有将任何某个或某一部分能力差的学生从教学活动中分离出去，也没有将任何一部分学生视为教学活动的重心。每个环节的设计都努力创设良好的气氛，使孤独症儿童感到喜悦、激动、好奇，其注意力不自觉地被这些新鲜事物所吸引后，会积极、主动地参与教学活动。这使得不同层次学生都能在自己所参与的游戏活动中取得成功，获得良好的情感体验，并逐步转化为积极的情感，能有意、持续地加入课堂活动中来。同一层的学生因为评价标准和评价方式的不同，也都很努力地争取最高等级的强化物。

总之，在孤独症儿童的康复集体课中，灵活地使用分层教学法不仅有利于激发学生参与教学活动，调动学生的兴趣和主动性，延长孤独症儿童有意注意的时间，还能充分体现学生是教学活动的真正主体，有效激起学生的竞争意识，提高孤独症儿童的康复效果。

案例三：生活语文学科优秀教案

生活语文学科教学设计

课题	写贺卡 送祝福	单位	大连市甘井子区特殊教育中心
教学对象	高年段智障学生	主讲人	全威
课型	小组课	指导教师	董欣
课时	第一课时		

（续表）

一、教学内容分析
高年段学生已经具备了一定的认知、书写能力，能够独立书写简单的句子。在此基础上，根据《语文课标》的学段目标与内容中的"能写简单的应用文"设计了本课内容。此内容是课标中带＊的目标，是专门为有余力的学生设计的教学目标，适合能力较强的学生学习，所以本节课是小组课。本课的学习，旨在让学生了解贺卡的格式，学会书写贺卡，能根据需要运用恰当的祝福语等。学会书写贺卡能够提高学生的写作能力，若能将其应用到日常生活中，则能拉近学生与他人的感情，增强与他人的沟通能力。通过写贺卡这种方式让学生表达自己对他人的祝福和感恩之情，有利于学生更好地融入社会生活中。
二、学情分析
本小组共4名学生，其中2名是中度智力障碍学生，具有较好的认知和书写能力；1名中重度智力障碍兼脑瘫学生，有一定的认知水平，用左手书写有一定的障碍；1名中重度智力障碍学生，认知水平一般，书写能力较好。
三、教学目标
三维目标： （一）知识与技能：学习书写贺卡的正确格式，能够根据不同情况恰当地运用祝福语书写贺卡，学会用微信发电子贺卡。 （二）过程与方法：通过尝试、观察、交流、讨论、总结等方法学会书写贺卡。 （三）情感态度与价值观：懂得利用贺卡表达真实情感，送上自己的祝福。 康复目标： 提高认知水平，锻炼手眼协调能力，锻炼小肌肉的灵活性。
四、课时安排
本内容共计两课时。 第一课时：学习书写贺卡的格式，能够根据不同情况恰当地运用祝福语书写贺卡，学会用微信发电子贺卡。 第二课时：自制贺卡，练习书写不同内容的贺卡。 本节课是第一课时的内容。

(续表)

五、教学准备
课件、平板电脑、贺卡、笔、电子白板等。
六、教学重点
学会书写贺卡的正确格式。
七、教学难点
能够根据不同情况恰当地运用祝福语书写相应内容的贺卡。

八、教学过程	设计意图
（一）创设情境 1. 今天老师带来了珍藏已久的宝贝，你们看是什么？（教师出示自己的贺卡，学生可以打开看一看、读一读）	激发学生对贺卡的学习兴趣。
2. 生活中我们一般在什么情况下送贺卡？（指名回答） 3. 师生小结：在生活中，生日、节日、结婚、过年等情况时，我们可以送上贺卡表达祝福。（教师用课件出示相应图片）	了解生活中通常在什么情况下送给别人贺卡，为后面书写贺卡内容做铺垫。
4. 这节课我们来学习"写贺卡 送祝福"。（出示课题，齐读）	引出课题，齐读课题。
（二）学习新知 1. 尝试书写 （1）这些贺卡都是别人写给老师的，你们能不能也试着写一张贺卡呢？可以写给老师、同学、父母、朋友等。 （2）教师给每名学生发一张贺卡让学生尝试书写。	对学生是否会写贺卡进行一个前测。

45

（续表）

（3）教师录制学生的书写情况，再把学生写好的贺卡拍照上传到电子白板的教师端。教师将4名学生的贺卡同屏展示。 2. 讨论探索 （1）教师带领学生共同观察讨论：你认为谁的贺卡写得好？好在哪？（学生各抒己见） （2）同学们写的贺卡各不相同，那么究竟谁的书写格式正确呢？ （3）我们一起来看一看正确的书写贺卡的格式。（教师播放视频） 3. 归纳总结 （1）通过观看视频，谁能说一说书写贺卡的正确格式是什么？（教师指名总结，书写在黑板上） （2）在学生汇报过程中讲解什么是"称呼"："全老师"是同学们对我的称呼，在生活中还有哪些称呼呢？（学生列举：爸爸、妈妈、姑姑、爷爷、奶奶等）教师课件出示生活中常用的称呼，让学生读一读。 （3）我们还可以在称呼前面加上修饰语，如：敬爱的×××，亲爱的×××，可爱的×××等。 （4）教师指名让学生到前面指出称呼写在什么位置，教师强调称呼要写在第一行，顶格写。（教师板书） （5）写完称呼之后还要写什么？教师引导学生继续汇报，指名回答并书写祝福语。	每个学生都能够看到自己和别人书写的情况。 学生自己评价，发表自己的意见。 学生通过观看视频明确书写贺卡的正确格式。 明确书写贺卡的正确格式。 知道什么是称呼，生活中常用的称呼有哪些。 学生直观地看到称呼的书写位置。

（续表）

（6）祝福语能不能随便写呢？我们要根据实际情况写相应的祝福内容。（课件出示不同情况下的不同祝福语参考，教师举例说明） （7）教师利用电子白板发给学生题卡，让学生在平板上进行祝福语的连线，然后学生把连好的题卡发回教师端，教师把学生的答题卡同屏展示。 （8）学生汇报自己的连线答案，教师小结。 （9）让学生指出祝福语的书写位置，教师强调祝福语写在第二行空两格处。（教师板书） （10）引导学生说出写贺卡最后写什么，并指出落款的位置，教师强调落款写在最后一行的后面。（教师板书） （11）教师再次出示学生书写的贺卡，与正确格式进行对比，找出每个学生书写的问题。	教师通过举一些反例让学生明确祝福语要根据实际需要来写。 巩固对书写贺卡格式的掌握。
（三）巩固练习 1.我们班的孙××同学马上就要过生日了，咱们写一张贺卡送给他吧，注意贺卡的书写格式。（教师出示生日祝福语的参考词句，利用信息技术软件录制学生的书写情况并投放到大屏幕） 2.教师运用电子白板给学生书写好的生日贺卡拍照，并把4名学生的生日贺卡投放到大屏幕进行点评，给予鼓励。	在教师的指导下按照正确格式写贺卡。 对照书写格式要求调整自己书写的贺卡。
（四）拓展延伸 随着信息技术的不断发展，微信已经成为人们生活必不可少的沟通工具，我们可以利	学生学会利用现代化工具发送电子贺卡送祝福。

(续表)

用微信上的小程序给朋友发送电子贺卡,这样即便是远方的朋友也可以收到祝福。(教师演示,学生用ipad进行操作,教师录制、投屏)学生通过微信中的小程序给父母、老师、同学、亲戚等发送电子贺卡。 (五)教师小结,布置作业 今天同学们学会了写贺卡,老师希望你们能应用到生活中,在特殊的日子里送上你们深深的祝福。 我们还可以自己制作贺卡,送给别人。今天老师给同学们布置一个作业:利用老师给你们准备的相关材料,自己回家制作并书写贺卡送给爸爸妈妈。	在跟着教师写贺卡的基础上根据实际情况自己独立制作、书写贺卡。

《课程标准》为培智学校课程的开发提供了重要的参考,为培智学校课程的实施指明了方向。在《课程标准》的指导下,我校教师的课堂教学取得了前所未有的突破,从区级、市级、省级课程到国家级课程,我校教师不断开拓创新,取得了优异的成绩,"优秀教学单位"的殊荣更是筑牢了我们奋勇向前的决心。相信在对《课程标准》进一步的学习中,我们的理解与实践会更加深入,致力于学生发展的课堂教学体系也会日益完善。

第二节 依据学情多维开展差异性教学

相较于普通学生,特殊学生受障碍类型与障碍程度等因素的影响个体间的差异性尤为突出,因而中外学者都在积极探索培智学校差异性教学的本质与内涵。学者 Heacox(希科克斯)认为,培智学校差异性教学是指培智学校教师改变教学的进度、水平或类型以适应特殊学生的需要、学习风格或兴趣。我国学者华国栋则进一步指出:培智差异性教学是指在班级集体教学中立足于特殊学生个性的差异,满足其个别学习的需要,以促进特殊学生在原有基础上得到充分发展的教学。由此可见，差异性教学的出发点是特殊学生的差异性，所要探讨的是能够顺应特殊学生差异的教学策略，而最终目标则是促进特殊学生获得最大程度的发展。

特殊教育与社会条件有着密不可分的关联。特殊教育实质上是一个不断显露特殊学生潜能并为其融入社会生活做好铺垫的过程。我校在对特殊教育的实质深入剖析与探究后坚定不移地开展差异性教学。在建构课程体系、制定课程目标、设置课程内容及实施课程教学之前，我们会全面分析每名特殊学生的生理特点与现有发展水平，结合适应现代社会生活所需的基本要求，以学生为中心，将课程与社会生活有机结合。在差异性教学的牵引下，我校逐渐形成了以班级为单位的观察组，班主任教师与任科教师经过观察、汇总、讨论后达成一致，确定个性化需求，开展差异性教学，对有需要的学生进行个案研究。

经过多年的深入实践，每位教师都对差异性教学有了深入的理解，撰写的个案报告均超过十篇，取得了众多优异成果。我们鼓励教师有所突破，努力优化自己的教育成果，力争发表。以此为契机，我校教师不断进行自我提升，所撰写的个案报告刊登在了省市级期刊上，为后续教育教学留下了宝贵的财富。下面展示两个经典的研究案例，案例一以语言训练为主要内容，通过对学生语言发展现状与潜能的有效分析，运用基于"缺陷补偿"理论的差异性教学，重在训练孤独症儿童的语言发展；案例二则以精细动作为主要内容，通过对学生精细动作的前在与潜在能力分析，运用回合式教学法对孤独症学生开展基于鼠标操作的精细动作训练。

案例一：

学前孤独症儿童语言训练个案

语言为人类所特有，是智慧高度发展的标志，也是社会生活的重要工具。人类借助语言进行思考、表达思想、传递信息，通过互相交流思想、感情和意愿，扩大和加深人们对事物的认识，丰富人们的感情生活，提高人们参与社会生活的能力。然而，大部分孤独症儿童缺乏与人沟通的能力或无语言，难以参与正常的社会生活。如何培养孤独症儿童的语言能力，尤其是无语孤独症儿童的沟通能力，已成为诸多特殊教育工作者共同关心的问题。在孤独症儿童康复训练过程中，我对一名无语孤独症儿童进行了语言训练，成效显著。

一、训练前学生语言情况

小铮，出生于2009年2月，4周岁，不会吹气，不会模仿任何口腔动作，只能发"a"音，在别人喊其姓名时，经提示，能回答"哎"；在表达需求或要求未得到满足时，会用哭闹来表达；能进行目光交流和对视。

二、观察及初步诊断

学生表现	初步分析	初步教育诊断
学生会哭，声音响亮，声带震动	声带没有问题	具备发音基本条件，可在"a"音基础上继续泛化；进行呼吸训练
学生会笑，声音响亮	声带没有问题	
学生会发"a"音	能够发音	
学生只会轻轻吸气，持续时间仅有1~2秒；不会吹气	影响发音	

从上表可以看出：第一，学生的声带没有问题，可以排除器质性原因，具备发音的先决条件；第二，学生会发"a"音，从此音入手，学习带有该音的音节，会比较容易；第三，学生不会吹气（呼气），影响发音的质量。因此可进行呼吸训练以及在"a"音基础上继续泛化，学习带有"a"音的字词。

三、了解学生的喜好与兴趣，为训练做准备

学生是教学的主体，对学生进行言语训练，所选择的教学内容，必须从学生的喜好与兴趣入手，这样不仅可以调动学生参与学习的积极性和主动性，还能使教学效果达到最佳。通过向家长发放调查问卷及进行日常观察，我了解到学生喜欢吃的食品主要有梨、香蕉、苹果、虾，然后再把这些食物按照学生的喜好程度进行排列，分别是香蕉、虾、梨、苹果；喜欢玩的游戏项目是骑木马。

四、制定训练目标

通过对学生现有能力的分析，我制定了3、4、5、6月四个月的言语训练长期目标：

1. 学生能够模仿口腔动作。
2. 学生会发"妈"音。
3. 学生会吹气。

4. 学生会发"香蕉""虾""梨"的近似音。

五、发音前的准备工作

内容一：大肌肉运动训练

气息是发出声音的动力，通过大肌肉运动训练，可以提高学生的肺活量，从而增大气息量，为呼吸做好准备。提高学生的肺活量不是一朝一夕的事，它不但要有适当的训练项目，而且要持之以恒，因此我专门为学生设计了感觉统合训练课以及课间、家庭中大肌肉运动的训练项目。

1. 感觉统合训练课。感觉统合训练课为学生安排的主要训练内容包括大球挤压、站在大龙球上跳跃、推小车、跳羊角球、跳跳床、滑滑板车、跳跳袋等训练项目，每节课选择2~3项进行训练，训练的时间和运动量由学生自己掌控，但是每项训练时间不得少于10分钟，否则就达不到训练的效果。

2. 课间大肌肉运动。课间休息时，学生可做快速跑、连续跳跃（青蛙跳、兔子跳）、上下蹦跳（跳台阶、原地上下蹦跳）等运动，训练时间根据课间休息时间的长短来调整，一般10分钟的课间，训练时间在3~5分钟；20分钟的课间，训练时间在10~15分钟。

3. 家庭中大肌肉运动。家庭中的训练可以分为室内和室外训练两种。室内的训练项目一般受空间的局限，主要有仰卧起坐、推小车、爬行、蹲起、蛙跳等，每天选择2~3项进行训练，每一个训练项目不少于10分钟；室外的训练项目与课间的训练项目相同，社区的游乐健身器材也是很好的选择。

内容二：呼吸训练

呼吸，是发音的必备条件。学会呼气需要一个漫长的训练过程。在对学生进行训练时，主要的项目有用吸管吹泡泡、吹蜡烛、吹口琴、吹棉花、吹乒乓球、吹空腔训练器、吹哨子等，每天选择2~3项训练，每项训练的时间在3~5分钟。

内容三：口腔动作训练

学生不会模仿教师的口腔动作，如张嘴、伸舌、卷舌、鼓脸、噘嘴等，口腔肌肉僵硬、不灵活。为了恢复口腔的运动功能，设计了如下活动：口腔内部按摩、面部按摩、打"哇哇"活动、舌操训练等。

六、发音训练

（一）学发"a"音

学生已经会发"a"音，由此音入手，引导学生发"ma"音，主要方法如下：

1. 骑木马。学生非常喜欢骑木马，每次的感统训练，他选择的第一个游戏就是骑木马。以此为契机，在他要上木马时，教师做好发"ma"音的口型，让学生观察，并学着发音；学生在木马上高兴地摇晃时，教师做好发"ma"音的口型，让学生观察。

2. 拼拼图。利用"马"的拼图，在学生拼图的过程中，进行"ma"的发音训练。

3. 看照片，学发音。出示妈妈的照片，教师做出发"ma"音的口型，学生学发音。

（二）食物刺激，学发音

学生喜欢吃梨、香蕉、苹果、虾等。个训课中，以这些食物为"诱饵"，引导学生学发音。

（三）在已有元音基础上泛化，学习有意义的字和词语

学生会发"a、u、i，"就在这三个音的基础上，让学生看口型，模仿发"袜子"的"袜"、"鸭子"的"鸭"、"乌龟"的"乌"以及"阿姨"等一些与生活实际相关的字词的音。

（四）运用康复仪器，进行语言训练

结合学校康复训练仪器，选择适合该生练习的内容，进行发音训练和简单的词语复述练习。

七、训练注意事项

在进行以上各个内容的训练时，教师和家长要注意以下几个问题：

每个训练项目要从学生的兴趣出发。兴趣是最好的老师，靠教师和家长的强迫而做的训练项目达不到最佳的训练效果。

教师和家长要做好打持久战的心理准备。学生掌握一项技能往往需要很长的一段时间，教师和家长要有足够的耐心，要经常反思自己的教育教学方法是否适合学生。

教师和家长要遵循小步子原则，不可操之过急，而且要从学生力所能及的项目做起，让学生在做项目时获得成功的体验。

八、训练效果

通过四个月的发音训练，小铮能够进行大肌肉动作（如蛙跳、兔子跳、爬行、大象走路等）和口腔动作（如开合口，用舌舔上唇、下唇、左右嘴角等）的模仿；学会了吹口琴、吹哨子、吹灭蜡烛等；在"a"音的基础上，不但学会了叫妈妈，还学会了发"u""i"音，看图片或实物能够表达"袜子"的"袜"、"鸭子"的"鸭"、"乌龟"的"乌"以及"阿姨""爷爷"等有意义的字和词语；会发"要""香蕉""虾"等的相似音，较以前有很大进步。

发音训练是语言训练的基础，在后续的训练中，教师要从学生的生活实际出发，创设语言表达场景，争取家长支持，让学生在具体的语言环境中表达生活中的常用词语，练习用肢体语言或沟通板表达自己的简单需求。

案例二：

运用鼠标训练自闭症学生的精细动作

精细动作是个体在感知觉与注意等多方面心理活动配合下，由手以及手指等部位在小肌肉或小肌肉群的运动中做出的动作。精细动作是儿童开展学习活动的重要基础，培智学校教师应全面了解每名自闭症儿童的精细动作发展状况并对有需要的儿童开展精细动作的康复训练。

《培智学校义务教育康复训练课程标准（2016年版）》的颁布为培智学校教师实施自闭症儿童的精细动作康复训练提供了方法上的指导，提出应秉持学生为本理念，以当代康复医学理论为基础，借鉴国内外康复训练经验，依据学生身心发展特点，科学设定课程目标和课程内容。在设定自闭症儿童精细动作康复训练的具体内容时，研究者发现运用鼠标训练儿童的精细动作具有可行性。基于此，本研究运用跨被试的单一被试实验设计，采用以观察与测量为主的研究方法，旨在探究以回合式教学（DTT）训练自闭症儿童的鼠标操作能力对其精细动作技能发展的影响。

一、研究被试与研究设计

（一）研究被试

首先，选取年龄与障碍程度相近的学生；其次，自闭症亚型众多，部分亚型与躯体发育不足显著相关，为避免该类情况对研究结果的影响，需要研究被试障碍典型；最后，被试的研究参与能力对后续精细动作康复训练的实施与结果影响较大，因而本研究要求被试不存在癫痫等影响精细动作发展的生理问题并具备一定的认知能力和课堂行为规范意识。据此，最终选择四名学生为被试。

（二）研究设计

就研究设计而言，本研究运用跨被试的单一被试实验设计。其中，四名被试相互独立，不受彼此干扰；就研究方法而言，本研究以观察法与测量法为主。在康复训练前、后均采用《布尼氏动作熟练度测试（第二版）》对被试的精细动作发展状况进行观察与测量。

本研究中的精细动作康复训练每轮训练的时长为15分钟，每周三轮，具体训练轮次视被试对精细动作的掌握情况而定。研究的自变量为以回合式教学训练自闭症儿童鼠标操作能力的精细动作康复训练方案，因变量为四名被试在康复训练前、后精细动作的变化。对无关变量的控制采用恒定法。

二、施测工具与实施训练

（一）施测工具

1.《基于鼠标操作的精细动作观测量表》。该量表由研究者自编，用以观测被试在基于鼠标操作的精细动作康复训练过程中目标行为出现的次数，包括抓握、拖动、手眼协调与点击四个具体观测行为。

2.《布尼氏动作熟练度测试（第二版）》。该量表由Bruininks（布鲁宁）等研究者修订而成并被广泛应用于4~21岁特殊群体动作发展的评估之中，包含着手部控制、手部协调、身体协调、力量与敏捷性四个测试领域并具体划分为八个分测试项目，具有较高的信效度。本研究以与儿童精细动作发展相关测试领域中的分测试项目为测量指标，采用完全掌握记2分、部分掌握记1分、完全未掌握记0分的计分方式，在康复训练前、后对被试的精细动作进行测量，以对比其精细动作技能的变化。表1为各测试领域中的分测试项目及内容。

表1 精细动作测试领域中的分测试项目及内容

测试领域	分测试	数量	测试内容
手部控制	手部动作准确性	7	涂色（圆形）、涂色（星形）、画直线、画曲线、连点成线、折纸、剪圆形
	手部动作统合性	8	画圆形、画方形、画重叠的圆形、画波浪线、画三角形、画菱形、画星形、画重叠的铅笔
手部协调	手部动作灵活性	5	圆中画点、移动硬币、插钉子、卡片分类、串木块

（二）实施训练

1. 训练方法

本研究采用回合式教学的康复训练方法，通过系统提示与强化相结合的方式对被试基于鼠标操作的精细动作进行康复训练。研究中的系统提示水平结合刺激提示与反应提示具体分为三级：一级，视觉与动作提示结合；二级，视觉与言语提示结合；三级，视觉提示。该训练方案顺应了自闭症儿童的认知特点，重在对自闭症儿童进行精细动作的诱发（具体操作详见下文）。

2. 训练情景、材料与强化

就训练情景而言，整个训练过程在被试熟悉的结构化个训教室中进行，周围无其他干扰性刺激物；就训练材料而言，主要为台式电脑与常规有线鼠标；就强化而言，以自然强化为主。一方面，被试在正确操作鼠标后会启动其感兴趣的程序或文件。另一方面，教师也会以语言或动作对被试进行强化。

3. 训练程序

准备阶段：教师提前按需布置好个训教室的环境并引导被试进入，而后与被试相隔10厘米左右并排而坐，明确当堂训练内容并积极创设情境以激发其参与的动机。

训练阶段：每轮康复训练时长20分钟，教师合理运用三级提示系统对被试开展基于鼠标操作的精细动作康复训练。每轮训练均为被试设置5个相同的情景，当被试的目标行为连续三轮出现次数不少于4次时即进入下一提示水平，直至通过最后一级提示。各级提示水平的具体操作方案详见表2。

表2 三级提示水平的具体操作方案

提示水平	具体操作方案
一级：视觉与动作提示结合	教师在鼠标左键贴上标记物，使用语言引导被试并动手示范整个过程。当被试操作正确即允许其对打开的文件进行操作以便加以强化；当被试未正确操作即没收鼠标，过10秒钟后再使用该级提示方法对被试进行提示。
二级：视觉与言语提示结合	教师在鼠标左键贴上标记物，仅使用语言引导被试操作。当被试操作正确即允许其对打开的文件进行操作以便加以强化；当被试未正确操作即没收鼠标，过10秒钟后再使用该级提示方法对被试进行提示。
三级：视觉提示	教师在鼠标左键贴上标记物，在引导被试回顾鼠标的操作方法并关注鼠标上的粘贴提示后使其独立完成鼠标操作。当被试操作正确即允许其对打开的文件进行操作以便加以强化；当被试未正确操作即没收鼠标，过10秒钟后再使用该级提示方法对被试进行提示。

结束阶段：教师有序整理、布置个训教室环境，结合录像填写好《基于鼠标操作的精细动作观测量表》并明确下轮训练的提示水平。

（三）数据的收集与检验

本研究主要采用观察与测量的方式对被试基于鼠标操作的精细动作变化进行测量，用《基于鼠标操作的精细动作观测量表》收集被试在康复训练过程中鼠标使用状况的变化，并用《布尼氏动作熟练度测试（第二版）》收集被试在康复训练前、后精细动作的发展状况。为保证研究的信度，本研究采用总一致性，即以频数比的形式进行观察者一致性检验。随机抽取30%的录像，由经过训练的观察者依据对应量表的编码与赋分标准对被试的行为表现进行独立观测，经计算，两名观察者与研究者的一致性百分比均超过了85%。

三、训练结果与讨论

（一）训练结果

四名被试分别被标记为被试A、被试B、被试C与被试D，其《基于鼠标操作的精细动作观测量表》的测量结果详见下图，康复训练前、后《布尼氏动作熟练度测试（第二版）》的测量结果详见表3。

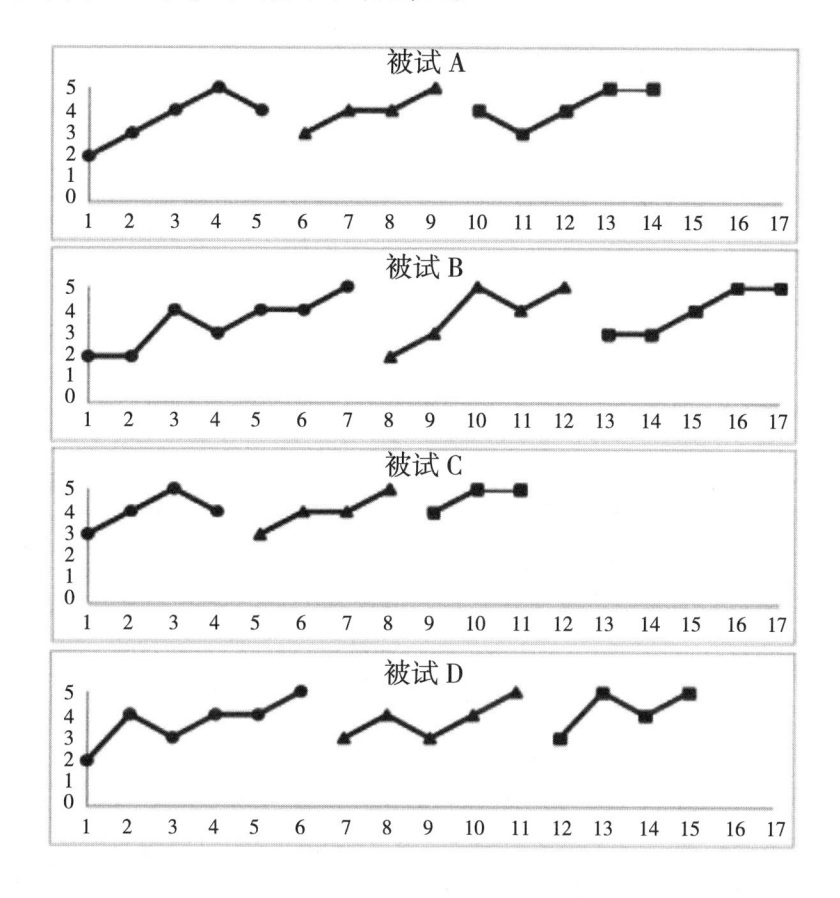

四名被试基于鼠标操作的精细动作康复训练变化图

注：上图中横坐标为康复训练轮数，单位为"次"；纵坐标为被试出现目标行为的次数，单位为"次"。每名被试从左到右三部分折线分别代表一至三级提示水平下基于鼠标操作的精细动作康复训练的表现。

由图片可知，被试A共经历了14轮基于鼠标训练的精细动作康复训练，三个提示水平康复训练的具体轮次为5次、4次、5次；被试B共经历了17轮基于鼠标训练的精细动作康复训练，三个提示水平康复训练的具体轮次为7次、5次、5次；被试C共经历了11轮基于鼠标训练的精细动作康复训练，三个提示水平康复训练的具体轮次为4次、4次、3次；被试D共经历了15轮基于鼠标训练的精细动作康复训练，三个提示水平康复训练的具体轮次为6次、5次、4次。

表3　四名被试《布尼氏动作熟练度测试（第二版）》测量结果

分测项目	被试A 前	被试A 后	被试B 前	被试B 后	被试C 前	被试C 后	被试D 前	被试D 后
手部动作准确性	8	11	5	9	8	12	7	11
手部动作统合性	9	12	6	9	9	13	8	12
手部动作灵活性	4	7	2	4	4	8	3	5

注：手部动作准确性、手部动作统合性与手部动作灵活性的满分分别为14分、16分与10分。

由表3可知，在接受过基于鼠标操作的精细动作康复训练后被试A的手部动作准确性变化为+3，手部动作统合性变化为+3，手部动作灵活性变化为+3；被试B的手部动作准确性变化为+4，手部动作统合性变化为+3，手部动作灵活性变化为+2；被试C的手部动作准确性变化为+4，手部动作统合性变化为+4，手部动作灵活性变化为+4；被试D的手部动作准确性变化为+4，手部动作统合性变化为+4，手部动作灵活性变化为+2。由此，四名被试的手部动作准确性和统合性在康复训练后进步显著且维持效果较好。

综上所述，基于回合式教学的鼠标操作康复训练方案能够有效促进自闭症儿童精细动作技能的发展。

（二）讨论

本研究对结果的有效性，即被试精细动作技能发展的原因进行了如下的分析与讨论：

1.精细动作康复训练内容合理

鼠标的操作涉及多方面精细动作的协调运行，因而教会被试熟练操作鼠标的过程也是对其进行多维的精细动作训练的过程。一方面，以鼠标的操作为训练内容有效规避了传统碎片化、阶段化精细动作康复训练内容整合困难的问题，有利于自闭症儿童的精细动作技能在日常学习生活中泛化。另一方面，通过实践调查发现，以鼠标的操作为精细动作康复训练的内容充分符合自闭症儿童的兴趣爱好。

2. 精细动作康复训练方法有效

回合式教学是自闭症康复领域中应用最为广泛的一种康复训练方法，其将目标技能划分为小的步骤并对其逐一展开训练。一方面，基于回合式教学的精细动作康复训练能够提供多重训练机会，使精细动作技能得到充分锻炼。另一方面，"由多到少"的提示原则充分顺应了自闭症儿童的认知发展特点，能够促进其精细动作技能取得循序渐进的发展与进步。

3. 精细动作康复训练强化形式恰当

本研究以鼠标的操作作为自闭症儿童精细动作康复训练的主要内容，当被试正确操作鼠标时教师便允许其应用所打开的程序或文件进行休闲娱乐，自然的强化能够更好地帮助被试建立起正确操作鼠标与进行休闲娱乐之间的正向联结，使其能够更为积极地投入到鼠标操作的训练之中并提升自身的精细动作技能。

四、反思与展望

（一）注重自闭症儿童精细动作的发展

精细动作发展缺陷在自闭症儿童群体中具有基础性与普遍性，因而在以后的研究中应加强对自闭症儿童精细动作发展的关注。自闭症儿童精细动作的发展在其与周围环境相互作用的过程中起到了关键性的中介作用，研究者们应意识到精细动作发展在自闭症儿童个体发展中的重要作用。

（二）增加自闭症儿童精细动作研究的实验设计

现有的自闭症儿童精细动作研究以单一被试实验设计为主，为提高研究结果的效度与推广价值，后续相关研究应在实验的设计上有所丰富。例如，应扩大样本容量并设置对照组。通过随机对照组实验选取更为适用的精细动作康复训练方法并不断地细化与完善。

（三）增加自闭症儿童精细动作康复训练的时长

自闭症儿童精细动作的发展是一个长期的过程，研究者应按照其精细动作的发展状况适时延长康复训练的时长，应建立起一致性的康复训练标准，而后将精细动作康复训练的场所从学校延伸到家庭之中，使自闭症儿童从生活中习得的精细动作技能能够切实地应用于他们的日常学习生活之中。

依据学情开展差异性教学是我校在"以生为本"新培智学校课程理念下具体的应用与实践。通过开展差异性教学，教师对学生的了解更加深入了，学生对教师的喜爱与尊敬增加了，师生共融共通的教学环境创设为学生的学与教师的教搭建了良好的平台，这对于学生的发展大有益处。此外，差异性教学的开展，使学生们的进步与提升显而易见，家长对于学校的教育成果也纷纷给予肯定并表示愿意与学校一同助力学生的发展。日积月累，多元助力的立体教育网络终将形成，而教育教学对学生的真正价值也会得到全面彰显。在以后的教学工作中，我校会继续大力发展差异性教学，并逐渐使其成为我校的一张名片，使学生能够获得满足其发展需求的个性化教育，取得更为喜人的发展。

第三节　依托艺术休闲提高生活品质

学校是教育人、塑造人的主阵地，而课程教学又是实施教育的最主要的途径。建立体现特殊教育自身规律的课程体系，打造配套教材，让特殊儿童获得全面、系统、科学、可持续的发展是当前特殊教育的一项重要工作。

一、编写并解读《培智学校义务教育艺术休闲课程标准（2016年版）》

2015年4月，我校接到教育部编写培智教育艺术休闲课程标准的任务。我校在调研的基础上开始了艺术休闲课程标准的编写。2016年初，前期的调研结果显示，全国数百所培智学校中，仅有六所尝试开设了艺术休闲课程，而全国范围内相关教材还基本处于空白状态。于是，除了为全国培智学校艺术休闲课程提供课堂实践经验和教学模式参考，我校在课标编写的同时兼顾了教材的编写。2016年9月，我校成立艺术休闲教研组，由申琳老师担任组长，带领组内教师以课堂教学实践为抓手，围绕国家课标内涵，探讨艺术休闲教材的编写。组内教师不断摸索前进，分析讨论适宜的活动，甄别排除不适宜的活动，总结适合学生的休闲活动类型，并在此基础上以课例讨论的形式确定教材编写的具体内容。2016年12月，由教育部组织、我校主编的《培智学校义务教育艺术休闲课程标准（2016年版）》正式下发使用。次年，由我校董欣校长撰写的《〈培智学校义务教育艺术休闲课程标准〉解读》一文发表在《现代特殊教育》杂志 2017 年第 8 期上，为艺术休闲课程标准的使用与实施指明了方向。下面将对艺术休闲课标的解读分享如下。

<h3 style="text-align:center">《培智学校义务教育艺术休闲课程标准》解读</h3>

《培智学校义务教育艺术休闲课程标准》（以下简称《艺术休闲课标》）以贯彻落实《国家中长期教育改革和发展规划纲要（2010—2020 年）》《特殊教育提升计划（2014—2016 年）》的精神与要求为指导，以《培智学校义务教育课程设置方案》为依据，参照《3-6 岁儿童学习与发展指南》，在深入分析和借鉴国内外相关研究成果及广泛征求专家、教师和家长意见的基础上，结合培智学校学生的身心发展特点编制而成。

一、课程意义

艺术休闲课程是 2007 年《方案》中设置的一门全新课程，突显了休闲教育对学生的重要性。休闲是人类的基本需求，学会休闲是现代人的一项重要技能。休闲教育是社会发展的必然结果和必然要求，尤其是随着社会物质生活水平的不断提高，作为精神生活重要组成部分的休闲教育已显示出了越来越重要的意义。

其一，艺术休闲能愉悦学生生活。学生在丰富多彩的休闲活动中可以振奋精神，愉悦身心。

其二，艺术休闲能充实学生的闲暇时间。学生通过艺术休闲课程学习多种休闲内容，体验多样化的生活方式，这能帮助学生合理安排闲暇时间，充实生活内容，提高生活质量。

其三，艺术休闲能促进学生融入社会。学生通过参与各种休闲活动，能更多地与同伴交往，体验和同伴一起玩耍的乐趣，增强其情感体验，培养其广泛的兴趣爱好，从而促进他们融入集体、融入社会，增强对社会的适应能力。

二、课程性质

艺术休闲课程是一门立足于培养学生当前和未来休闲能力的选择性课程，具有综合性、活动性、选择性和开放性。

综合性：艺术休闲课程既可以体现学科的综合性、活动的综合性，又可以体现活动资源、知识技能、生活经验等方面的综合性。

活动性：教师要以活动为载体进行教学，要让学生充分地参与、体验多种休闲活动，参与社会交往。

选择性：艺术休闲课程是一门选择性课程。培智学校可以依据学生的能力及各校的师资状况选择开设艺术休闲课程、开设多少学时；教师可以选择适当的教学目标和内容、教学的环境和场所等。

开放性：艺术休闲课程的开放性主要体现在教学形式和教学场所上的开放。课程可以不受教学时间、地点、环境等的限制。

艺术休闲课程在发展学生休闲能力的同时，也希望给予学生情感、态度和价值观方面的教育。

三、课程基本理念

（一）尊重学生个体差异

教师应该尊重特殊学生的不同需求。培智学校学生的个体差异很大，休闲能力各不相同，教师应依据每个学生的身心发展特点，关注学生在生活环境、兴趣爱好等各个方面的不同需求，设置合适的教学目标，选择适宜的教学内容和教学方法。

（二）关注学生休闲生活需求

艺术休闲课程要以学生为本，密切结合学生当下和未来的休闲生活实际，选择适宜的休闲活动。休闲教育不仅是在课堂，而且可以从课堂、校园延伸到家庭、社区，为学生适应生活、适应社会奠定基础。

（三）重视学生参与体验

休闲是闲暇时的休息和娱乐，是能够让人达到生命保健、体能恢复、身心愉悦的活动。艺术休闲课程要运用相关学科的知识技能、生活经验，整合多种休闲活动资源，以活动为主要载体，丰富学生的休闲体验，激发学生的参与兴趣，增加学生愉悦的情感体验，最终帮助学生养成良好的休闲习惯。

四、课程设计思路

《方案》指出，艺术休闲课程是"通过程度适宜的音乐、舞蹈、美术、工艺等多种艺术活动，使学生尝试学会感受美和表现美，丰富、愉悦学生的精神生活"，课程应始终坚持"注重学生参与体验"的课程理念，坚持"以活动为主要载体"的思想进行课程设计。

在《艺术休闲课标》中，艺术休闲课程的核心落在"休闲"上。课程的设计结合了学生的身心发展特点和休闲教育的需要，确定了"休闲认知""休闲选择""休闲技能""休闲伦理"四个学习领域，并设计了九年一贯的课程目标、学习内容，体现了培智学校艺术休闲课程的整体性和阶段性。

《艺术休闲课标》的"实施建议"部分重点体现了活动育人、协同育人的课程特点。活动育人要求课程应始终坚持"注重学生参与体验"的课程理念，坚持"以活动为主要载体"的思想进行课程设计。协同育人强调在艺术休闲课程中支持的作用，强调教师、家长、社区服务者、专家、志愿者等相关人员的参与协作，共同支持学生的生活，为他们拥有更好的未来生活服务。

五、课程目标

《艺术休闲课标》的总体目标是："学生通过参与休闲活动，掌握基本的休闲知识和技能，学会选择合适的休闲方式，体验休闲的乐趣，遵守休闲的伦理规范，养成良好的休闲习惯，丰富、愉悦学生的精神生活，陶冶生活情趣，提高生活质量。"

"参与休闲活动"是实施休闲教育教学的途径和方法，体现教学的主要形式；"掌握基本的休闲知识和技能"是学生进行休闲的基础；"学会选择合适的休闲方式"是学生自我决定能力形成的关键；"体验休闲的乐趣，遵守休闲的伦理规范，养成良好的休闲习惯"是对学生进行养成性教育的重要体现；"丰富、愉悦学生的精神生活，陶冶生活情趣，提高生活质量"是艺术休闲教育的最终目标。

六、课程内容

艺术休闲课程分为四个学习领域，每个学习领域又分为不同的内容维度，根据学生的身心发展特点及能力水平，结合课程内容的难易程度，《艺术休闲课标》将课程具体内容设置为基本内容和带"★"的拓展内容。教师可根据学生的休闲能力基础，按需设置教学目标，选择教学内容。带"★"内容的增减并不影响整体课标的完整性。

（一）休闲认知

知道什么时间可以休闲、休闲的时候可以做些什么活动、在什么地方休闲，知道自己喜欢怎样休闲。学习这些内容，可以让学生了解丰富的休闲活动，为其休闲生活提供更多的选择，提高其生活质量。

（二）休闲选择

能根据兴趣爱好、需求和能力基础，选择适合的休闲活动和场所，形成基本的自我决定能力。自我决定能力是培智学校学生发展的重要能力，也是决定学生休闲生活品质的关键，更是学生个体人权的体现与维护。休闲选择这个维度充分体现了自我决定能力的培养。

（三）休闲技能

学会安排休闲活动；能与同伴合作开展休闲活动；能在休闲活动中管理好自己的情绪及行为；能利用合适的休闲资源；能在休闲活动中注意安全。安排、合作、自我控制、资源利用、安全，这些是休闲技能领域目标的关键词，是教育教学的重点。

（四）休闲伦理

了解休闲活动的行为准则；能选择参与健康、有品位的休闲活动，形成正确的休闲价值取向。休闲伦理是休闲品质的重要体现。课程既要求学生学会休闲，也要求学生知道哪些休闲行为是恰当的。休闲应该是健康的、适度的、有品位的。

七、实施建议

《艺术休闲课标》中的"实施建议"部分对艺术休闲课程的教学、评价、教材编写以及课程资源的开发与利用等提出了具体的实施原则、实施方法和策略建议，体现了活动育人、协同育人的课程特点。

（一）教学建议

艺术休闲是一门注重参与、体验的选择性课程。艺术休闲课程能让学生在健康、有益的休闲娱乐活动中感受休闲带来的愉悦，提高其生活质量，同时培养学生休闲的基本能力，使学生知道相关的休闲知识，掌握基本的休闲技能，在休闲中形成良好的生活态度和生活方式。教师要积极为学生创设良好的休闲环境，根据学生的能力设计各种适宜的休闲活动，让学生学会根据自己的兴趣爱好选择健康、向上的休闲内容，从而获得休闲技能。

1. 教学内容围绕学生生活

课程要从学生生活实际和终身发展出发，教学内容的选择要注重综合性、活动性、选择性和开放性。在《艺术休闲课标》中已经列出了一些常见的休闲活动，但教师不必局限于这些休闲活动。除了可以选择符合当地特点、学生感兴趣的休闲活动以外，教师还要与时俱进，不断尝试新颖的休闲活动，甚至可以自创适合的休闲活动。教师要根据学生的个体差异，从学生生活出发，选择适宜的教学内容。

2.教学活动注重灵活性

教学时，教师可以根据课程目标内容及学生的个体差异组织灵活多样的教学形式，例如集体、小组、个别教学等。教师可采用多样化的教学方法，成为学生学习活动的组织者、引导者。在教学时间安排上，除专门的课堂教学外，教师还可以充分利用学校的综合实践等课程开展休闲活动。艺术休闲课程还可以延伸到家庭、社会中，可以让家长结合家庭休闲资源对学生进行休闲活动指导。

3.充分体现课程的愉悦性

艺术休闲课程所依托的主要载体是休闲活动。休闲活动具有游戏性和愉悦性，能为学生提供充分的感性材料和丰富的情感体验，使学生在轻松自然的氛围中尽情、尽兴、自由地参与其中，感受休闲带给人的快乐和满足。

（二）评价建议

教师要善于根据课程的具体内容和教学的实际状况进行评价，评价的内容要涵盖休闲认知、休闲选择、休闲技能、休闲伦理四个维度并进行综合性的评价。教师在课程评价时要遵循差异性、鼓励性、发展性原则。在评价过程中可将教师评价、学生评价、家长评价、社区及相关人员评价等有机结合，用观察与记录、问卷调查、面谈、讨论等多种方法来评价学生的学习过程。评价的结果也可以是多元化的，如采用活动展示、活动报告单、成长档案袋等多样性的呈现方式。

（三）教材编写建议

教材的编写应以《艺术休闲课标》为依据，充分体现艺术休闲课程的性质、基本理念、课程目标和内容。要遵循综合性、实践性和开放性的原则，教材不但要适用于学生现在的在校学习，还要能延伸到家庭、社区与社会生活，甚至包括学生毕业后未来的生活。

（四）课程资源的开发与利用建议

艺术休闲课程鼓励教育工作者积极地开发和利用各种资源，除了学校资源，还应充分利用家庭和社会等其他资源。教师、家长、社区服务者、专家、志愿者等相关人员应协同合作，共同支持学生的休闲生活，为其能够拥有更好的未来生活服务。

艺术休闲学科的设立是时代的产物，是当代特教发展的必然趋势。艺术休闲作为一门全新的课程具有独特性，对于教师而言更是具有挑战性的。教师要转变教育教学观念，认真学习课程标准，把握好本课程的核心，在艺术休闲的教学实践中积极思考、发散思维、不断创新，让艺术休闲这门课程真正为特教学生的终身发展、适应社会服务。

二、开展"基于培智学校艺术休闲课程标准的课程开发"的主题研究

艺术休闲课程标准的编制与投入使用体现出了我校教师求真务实的工作态度与奋勇向前的工作精神。在课标的引领下，全国各地开设艺术休闲课程的培智学校数量增多了，专任艺术休闲课的教师数量增多了，艺术休闲课程蓬勃发展。然而，我校并没有停止对艺术休闲课程的探索与实践，在课标与教材广泛投入使用后，我校又开始了对艺术休闲课程的开发研究。

2018年4月，我校正式提出"十三五"省规划办课题"基于培智学校艺术休闲课程标准的课程开发"的研究申请，希望在充分解读《艺术休闲课标》的基础上，对艺术休闲的教学提出具有合理性和可操作性的建议，在艺术休闲课程开发这条路上开辟出一片新天地。为此我们制订了详细的实施方案，希望通过教材编写、课例展示，探索艺术休闲的课堂教学模式，完成培智学校艺术休闲课程开发的研究。2018年9月，我校面向全体教师召开了"基于培智学校艺术休闲课程标准的课程开发"的开题会。为了探寻更加充实的编写依据，我们请教专家，查找大量国内外的休闲理论与实践，为教材编写搜集有效的理论支撑。同时，我们还在校内开展大量教材的试用试教活动，分别在低、中、高三个学段进行了艺术休闲展示课，通过组内研讨、集体备课、课例展示、课后诊评与反思等环节，检验教材应用的实效性。2018年12月，我校组织召开培智学校义务教育艺术休闲学科教师用书专家评审会。几位专家分别从教学内容的必要性、功能性、综合性等多个方面对艺术休闲学科教师用书给予了高度评价，《艺术休闲教师指导用书》经历几次易稿，十余次讨论、修改后，经过评审组领导及专家的投票，最终获得了评审组的一致通过。2019年8月，根据专家提出的意见，我们对此书进行了进一步的修改之后，我校主编的《艺术休闲教师指导用书》1~3册正式出版发行。下面就"基于培智学校艺术休闲课程标准的课程开发"的主题研究进行分享。

"基于培智学校艺术休闲课程标准的课程开发"的主题研究

一、研究目的与内容

本研究的目的是以《艺术休闲课标》为依据,针对培智学校学生身心发展特点和实际需要,开展关于艺术休闲课堂教学内容的制订、教学模式的开发、教材的编写等一系列的研究活动。具体内容包括:其一,依据《艺术休闲课标》,构建课程体系的基本维度,通过文献研究、经验分析等方法进一步明确课程目标。其二,分年段制订课程内容,并在此基础上,完成低、中、高三个学段的艺术休闲教材及教师参考用书的编写。其三,分学段试用试教,根据反馈结果对教材及教师教学参考用书做进一步修改。其四,探索、编制艺术休闲课程的评价标准。其五,在教育实践中应用教材、评价标准,探索艺术休闲课程的教学模式。

二、研究价值

（一）提高培智学校学生的生活质量

1. 丰富学生的精神生活

培智学校学生和普通儿童一样热爱生活,向往快乐。但他们对生活的理解只停留在吃喝拉撒的层面上,不会做游戏、不会玩。开展艺术休闲教育能帮助学生激发情趣,体验审美愉悦,感受创造美的成就感。艺术教育活动采用过程展示的方式扩展学生的初步感受,进而激发学生的兴趣,将浅层兴趣引申提高到有一定动机的水平上,使他们在丰富多彩的艺术活动中振奋精神,愉悦身心。

2. 充实学生的闲暇时光

将寒暑假、双休日以及其他各种假期相加会发现,学生全年约有一半的时间是空闲的。空闲时间在日常生活中占据很大的比例。节假日期间,学生不会安排自己的生活,他们在家里无所事事、浪费时间,同时,也存在安全隐患,这给家长和教师造成了较大的心理压力。因此,对学生进行艺术休闲教育是非常迫切也是非常必要的。开设艺术休闲课程能让学生学到休闲技能,体验多样化的生活方式,扩大生活空间,充实生活内容,提高生活质量。

3. 提高学生的手脑协调能力

由于脑功能受损、认知能力的局限以及生活经验与实践经验的缺乏,学生个性的形成和发展受到了一定的限制。为了帮助学生克服障碍、形成良好的个性品质，本研究在开展过程中设置了各种技能训练，包括画画、捏泥、折纸、剪贴、打牌、跳舞等。上述手眼脑并用的心理操作和身体操作，可以使学生既动脑动手，又调动各种感官积极参与，进而促进手、眼、脑逐渐协调一致，使缺陷得到一定程度的补偿。

4. 促进学生更好地融入社会

培智学校学生在社会适应方面存在着如下不足：自卑感强，行为怯懦，处处依赖老师、父母和同学；活动效率低，交往能力较差；情感不稳定，体验不深刻，情感易变化、冲动，容易受外界情境的支配；兴趣狭隘，感情淡漠，对生活、对他人漠不关心。本研究在开展过程中，积极引导学生与同伴交往，增强情感体验，培养学生广泛的兴趣爱好，使其体验和同伴一起玩耍的乐趣。不断促进学生融入集体，进而融入社会，学会生活，学会交往，增强适应社会的能力。

（二）有助于提高培智学校教师的科研能力

艺术休闲课程有其独特性，一方面，其学科知识的教学可以渗透在其他学科的教学过程当中；另一方面，在进行本学科教学时，也要运用到美术、音乐、体育等其他学科的技能及知识，作为本学科教学活动实施的基础和手段。由此，艺术休闲课程是一门具有研究价值的学科，也成为教师面临的全新挑战。由于没有现成的理论和经验可借鉴，也没有现成的教材可对照，更没有相应的专业研究可参考，因此，教材的编写、教学方法的运用和教学形式的确立需要教师不断地探索和创新，在研究行动中不断提升自己的综合水平。这个过程正是将工作方式由传统型变为行动研究型，让教师获得教育理论水平和实践能力同步增长的过程。同时，在这一过程中，教师被赋权增能，教师的独立判断能力和创新能力得到肯定，教师的创新热情得到激发，教师参与课程开发的意识和能力逐渐增强，教师的角色也走向多元——逐渐成为发展者、诠释者和行动研究者等。

三、研究方法

深入分析、总结培智学校学生休闲现状，仔细研读培智学校义务教育艺术休闲课程标准，完成低、中、高三个学段课程框架的建设。根据框架分学段进行艺术休闲课程教师用书的编写和试用，同时依据试用情况不断对教材进行修改和完善，总结实践经验。在推广中反思，在反思中行动，帮助教师实现专业成长，促进学校发展，助力学生成长。

1. 在准备阶段、实施阶段采用文献资料法，搜集与研究内容相关的理论资料，围绕"休闲""艺术休闲课程"等核心主题搜索国内外的相关研究成果，深入分析《艺术休闲课标》，探索课程内容及其开发方向。

2. 运用问卷、访谈等多种研究方法，有目的、有计划、系统地调查和收集有关问题和现状资料，如培智学校学生的闲暇时间，参与的休闲活动类型，学生的休闲生活状况等，从而进一步分析艺术休闲课程设置与开发对培智学校学生发展的意义，找出开发艺术休闲课程的切入点。

3. 实施阶段主要采用行动反思法，按照"分析问题—学习理论—设计解决问题的方案—实施方案—反思—改进—总结提高"的方式，促使研究工作更加扎实有效。

4. 在实施阶段和总结阶段运用经验总结法，反复提炼研究的过程资料，形成科学的、系统的研究成果。

四、研究路线

在专家团队的指导和引领下，课题组带领全校教师从文献研究、调查研究、实践探索研究入手，研究艺术休闲的教学内容、教学形式，研究学生学情，为艺术休闲课程的开发准备基础性资料。通过专家培训、文献学习等形式，提高教师理论构建的水平和能力，在此基础上，由课标编写组的教师带领课题组核心成员撰写艺术休闲教师用书，制订课程评价标准。从组内研讨课到校内观摩课，再到区级展示课，市级评优课、示范课，逐级进行艺术休闲课堂教学的实践探索，在收集反馈意见的同时，对课程进行推广。最后，在专家团队的评审和大量实践检测的基础上不断完善修改，最终达成研究目标。

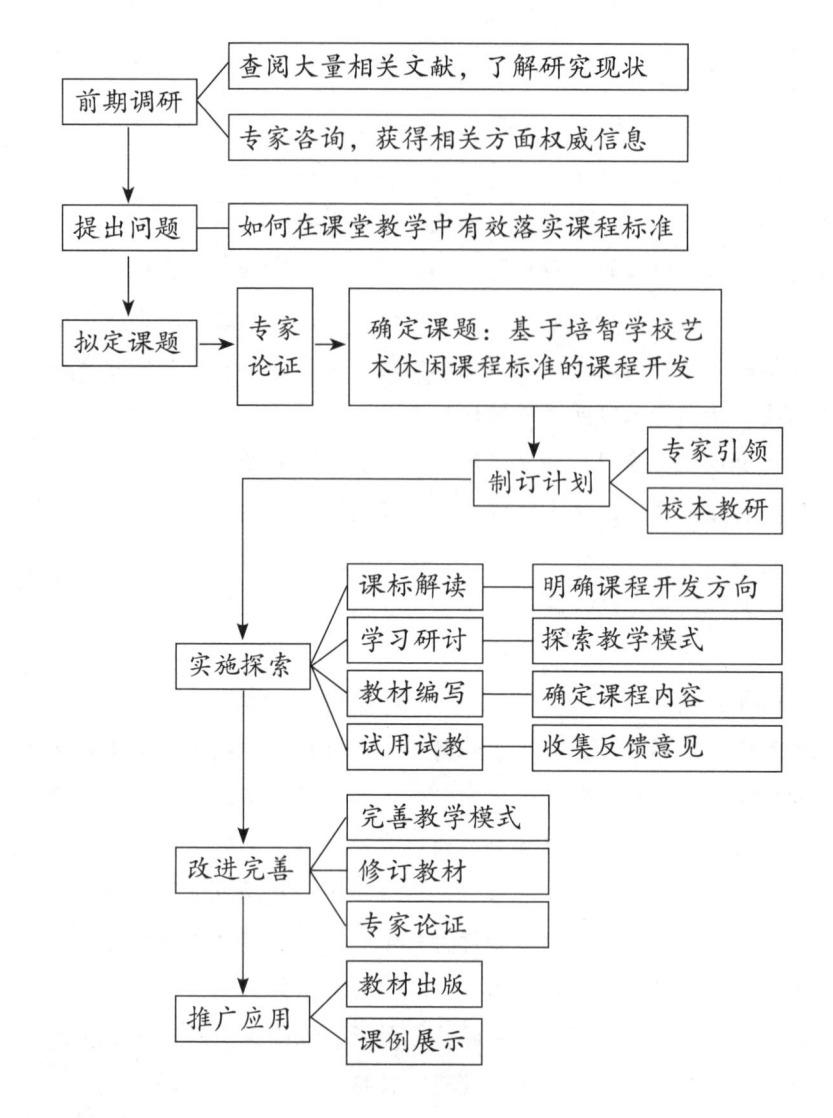

```
前期调研 ──┬── 查阅大量相关文献,了解研究现状
           └── 专家咨询,获得相关方面权威信息
    │
    ▼
提出问题 ── 如何在课堂教学中有效落实课程标准
    │
    ▼
拟定课题 ── 专家论证 ── 确定课题:基于培智学校艺术休闲课程标准的课程开发
                                    │
                                    ▼
                          制订计划 ──┬── 专家引领
                                    └── 校本教研
    │
    ▼
实施探索 ──┬── 课标解读 ── 明确课程开发方向
           ├── 学习研讨 ── 探索教学模式
           ├── 教材编写 ── 确定课程内容
           └── 试用试教 ── 收集反馈意见
    │
    ▼
改进完善 ──┬── 完善教学模式
           ├── 修订教材
           └── 专家论证
    │
    ▼
推广应用 ──┬── 教材出版
           └── 课例展示
```

五、研究成果

（一）构建"五位一体"的教学体系

1. 坚持"育人为本""以人为本"的课程理念，从学生享有的教育权利出发，为学生的终身发展着想，以《艺术休闲教师指导用书》中的教学范例为蓝本，进行教学活动设计，并在学校、家庭和社区等多种环境中加以实施，最终达到《艺术休闲课标》的要求。

2.教师要打破传统的学科教学体系和教学模式,将艺术休闲教育的培养目标与资源重新整合,构建一个开放的、灵活的、动态的课堂。根据课程目标和内容及学生的个体差异组织灵活多样的教学形式,可以以集体、小组、个别的形式进行教学,也可以多种形式穿插进行。注重学习环境的创设,在活动中教师要多示范少讲解,多参与少传授,以学生的体验、感受为主。教师要根据学生的个体差异,从学生生活出发,选择难度适宜的教学内容。课程评价要多元化,教师要善于根据课程的具体内容和教学的实践状况进行评价,评价要全面。

3.以学生为主体,鼓励学生积极参与休闲活动,让学生通过实践操作掌握休闲技能,体验休闲活动的乐趣。活动内容应以学生日常生活中大众的、健康的、有品位的休闲活动为依托,融入休闲认知、休闲选择、休闲技能及休闲伦理等方面的内容,使学生能够在自己生活经验的基础之上,通过多样化的休闲活动,感受、理解、习得和掌握休闲的基本认知和技能。同时,培养学生尊重、关怀、友善、合作、分享等人格素养,帮助学生形成正确的人生观、价值观,促进学生更快、更顺利地适应生活,融入社会。

(二)形成"艺术休闲课+"的课程模式

1.艺术休闲课+特长活动

学校每周有三次特长活动,每次1小时,特长活动为不同休闲能力的学生设置了各种艺术休闲内容,学生可以根据自己的兴趣爱好和休闲能力自主选择特长活动。休闲能力较强的学生可以参加马林巴琴、舞蹈、国画、软陶、缝纫、烘焙、羽毛球、乒乓球等特长活动,能力较弱的学生可以参加阅读、粘贴画、棋牌等特长活动。特长活动满足了不同休闲能力学生的休闲需求,是艺术休闲课的必要补充。为了提高特长活动的质量,我校还聘请了校外专业人员和有特长的志愿者定期为学生上特长课。

2.艺术休闲课+社会实践活动

学校每个月安排两次全天的社会实践活动。我校尝试让艺术休闲课与社会实践活动接轨。在艺术休闲课上,教师带领学生讨论社会实践活动想去的地方,了解实践地的相关知识,学习查找乘车路线,了解休闲安全常识等。到社会实践活动时,学生们能做到学以致用,大大提高社会实践的教育效果。超市、机场、博物馆、医院、工厂等都曾留下学生的身影。

3. 艺术休闲课 + 体育活动

学校每天都有 1 小时的体育活动时间。艺术休闲课上，学生们可以学习多种体育休闲活动，如传球、水果蹲、丢手绢、打沙包等。体育活动时，学生们可以选择自己喜欢的体育休闲活动尽情地玩乐。

4. 艺术休闲课 + 午休活动

学生可以在午休时间进行适合的休闲活动。艺术休闲课上，教师可以教学生一些安静的休闲活动，如看书、画画、拼图等，学会不打扰他人。午休时，学生可以选择睡午觉，也可以选择安静的休闲活动，互不影响。

5. 艺术休闲课 + 家庭活动

培智学校学生闲暇时间很多，在家里主要进行休闲活动。教师积极转变家长的教育观念，让家长认识到休闲对学生的重要性，鼓励家长带领学生进行健康有益的休闲活动，如爬山、郊游、亲子游戏等，不仅让学生增强了体质、增长了见识，也让学生学会了与人相处，增进了亲子关系。家庭活动是学生养成休闲好习惯的关键。

6. 艺术休闲课 + 融合活动

甘井子区的 28 所中小学的部分学生是我校学生的融合伙伴。我校每周都会举办丰富多彩的融合活动。画画、下棋、做手工、包饺子等各种休闲活动很快拉近了融合伙伴之间的距离，而这些活动都是我校学生在艺术休闲课上学会的。

（三）完善艺术休闲课堂的构建

1. 重视体验感受，构建生动的艺术休闲课堂

教学中要让学生充分参与活动。教师要以活动为载体进行教学，采用体验、讲授、示范、观摩等多样化的教学方法，通过比赛、表演、实践等灵活多样的教学形式使学生掌握休闲技能，体验休闲活动的乐趣。《艺术休闲课标》特别强调要"重视学生参与体验"，教师要在发展学生休闲能力的同时，给予情感、态度、价值观方面的教育。在教学过程中，教师要适当对学生的不良情绪进行引导，控制好学生的情绪，培养学生广泛的兴趣爱好。适当引导学生表达自己在休闲活动中的个人体验，感受和同伴一起玩耍的乐趣，充分体现课程的愉悦性。

2. 渗透规则意识，构建有序的艺术休闲课堂

艺术休闲课堂是一个有操作性和实践性的课堂。任何一个游戏要想让学生玩

好、玩出兴趣，就要明确游戏规则，而这一点对于智障学生来说特别困难，他们分不清真实的自己和角色中的自己的关系，难以体验角色扮演的乐趣，因此也难以融入社会，无法与正常人沟通交流。游戏是智障儿童融入社会的桥梁，游戏规则是这座桥梁的支柱，在教学过程中教师要特别注意向学生渗透规则意识，将规则细化。依据学生的认知与理解能力，适当添加或删减规则要求，改变休闲活动的玩法，以调整游戏的难易程度。根据学生的具体情况，先选择简单的游戏，再逐渐递进到复杂的游戏，满足学生发展的需求。活动要强调有序，随时注意安全。

3. 关注生活实践，构建整合的艺术休闲课堂

艺术休闲课程是一门综合性的课程，和其他课程有着密切的联系，是实现学科之间知识整合的一种学习方式。随着培智学校课程结构的不断完善，艺术休闲和其他课程的有机整合成为培智学校课程改革的发展趋势。通过艺术休闲整合学科资源，智障学生的学习能够保持连续性、有效性。教学内容应不仅适用于学生在校学习，还可以延伸到家庭、社区与社会生活。教师除专门的课堂教学外，还可以充分利用学校的综合实践等课程开展休闲活动，同时建议家长结合家庭休闲资源对学生进行休闲活动指导。

六、研究结论

首先，《艺术休闲教师指导用书》将抽象的课程标准转化成一个个看得见、摸得着的教学活动，为特殊教育工作者提供了艺术休闲课程的活动范例和教学参考。无论是教学目标、教学内容还是教学方法、评价建议，以及各类表格的制订，都有较为详细的说明和建议。同时，除了共性的常规栏目，个别课程中还设有增添环节，不仅为教师提供了更丰富的教学资源，还使教学内容从深度和广度上得到拓展，为实施课堂教学提供了强有力的支持。

其次，在课程开发的过程中，教师通过查阅资料、专家培训、实地调研、实践操作等让教学理念、教学方式逐渐得以转变，理论研究能力、教学技术水平等得到大幅提高。教师对艺术休闲这门新兴课程的认识与定位愈加清晰、明了，在处理与音、体、美等其他学科的关系上更加得心应手。在进行艺术休闲学科教学时，教师能够很好地运用音乐活动、体育活动等其他学科的活动技能及其他学科知识作为本学科教学活动实施的基础和手段，同时，又将本学科的知识渗透在其他学科的教学过程当中，真正做到了学科间的融会贯通。

再次，作为艺术休闲课程标准的编写者，在拥有课程开发方面优势的同时，也承担着巨大的压力。我们不仅要对本校的师生负责，更要对全市乃至全国的广大特殊教育群体负责。在研究的过程中，各级各类的研讨课、观摩课、展示课不计其数，其中有获奖的，有没获奖的，有被肯定的，也有被质疑的，但所有的这些课例都成为我们探索艺术休闲教育道路上的宝贵经验，并为本研究的顺利开展提供了实践基础。那些积累、沉淀下来的优秀课例则作为教育蓝本供广大特殊教育工作者参考使用。

最后，作为教育对象的特殊学生成了最大的受益者。因为课上有许多有趣的活动，所以艺术休闲课越来越得到学生们的青睐。在教师的引导下，学生会玩的娱乐活动增多了，生活变得丰富多彩了，有的学生还能够简单安排自己的闲暇时间。丰富多彩的休闲生活不仅提高了学生的生活质量，还大大降低了问题行为产生的概率，家庭氛围也变得更加和谐。这种健康的生活方式能促进学生形成乐观向上的生活态度，同时，对学生提升自我服务的技能也有很大的帮助，更为其融入社会奠定了坚实的基础。

从课程标准编写到课题申报，我校对艺术休闲课程的思考与追求从未停歇，艺术休闲也正从一个抽象的名词不断向具体的课程实践进发。相较于普通儿童，特殊学生受身心障碍缺陷的影响，对于艺术休闲的渴求与需要更为强烈，怎样能够在其认知范围内为其匹配最为适合的艺术休闲内容，如何帮助其在最近发展区收获艺术休闲的诸多乐趣等现实问题还需要我们不断深入研究，而以艺术休闲促成学生核心素养养成的途径也亟待我们进行更多元的探索。

"十三五"规划之下，我校的课程体系优化改革取得了重大的阶段性成果，受到了广泛的赞誉，而这背后则是我校对于"一切为了学生发展"教育初心的笃定与践行。未来，在构建人类命运共同体的发展背景下，我校还会在坚实现有发展根基的基础之上不断学习借鉴国内外培智学校的前沿发展理念与优秀发展经验，使学校整体课程改革优化更为科学、系统，在国内、国际双视野下充分发挥课堂教学对于学生发展的促进作用，使其成为学生达成生活目标的重要途径。

第四章 保障就业支持策略运行

就业是个体生涯中的重要组成部分，合理就业关乎着个体智能的输出与人生价值的实现。就业离不开职业教育，它直接影响着学生的就业能力与水平，对于特殊学生而言，特殊学校是其接受职业教育的主要场所，因此，特殊学校发展好职业教育、发挥好就业支持价值的意义重大。

特殊职业教育是指特殊学校有计划、有目的地传授受教育者某个职业或行业的知识、技能、职业道德等内容，使其职业素养符合该行业标准。特殊职业教育能帮助残障学生掌握某一特定职业或某类职业中所需的技能、技巧、技术和专业知识。职业教育扮演着就业预备教育的角色，随着职业教育的深入发展，它逐渐趋于制度化与完善化。20世纪80年代是特殊学校职业教育初步形成的时期，以改革开放为背景，我国特殊教育学校由重视"劳动教育"开始逐渐转向重视"职业教育"，1988年颁布的《中国残疾人事业五年工作纲要》首次从教育层面上提出以普及初等教育为重点，抓好职业教育，逐步发展中等教育和高等教育的工作要求；并在教学内容上提出把基础文化教育与职业技能教育结合起来的工作要求。在此政策背景下，20世纪90年代特殊职业教育进入高速发展期，1994年教育部颁布的《残疾人教育条例》明确指出，残疾人职业教育应当重点发展初等和中等职业教育，适当发展高等职业教育。1998年颁发的《特殊教育学校暂行规程》则提出：要根据实际情况对高年级学生实施劳动技术教育和职业教育。在高速发展期，特殊学校职业教育的开展得以细化，为后续特殊职业教育的发展奠定了良好的基础。迈入21世纪，特殊职业教育也进入了深入发展时期，研究者们开始逐渐在形式之下探寻本质，提高特殊职业教育的可操作性与执行价值。2001年，《关于"十五"期间进一步推进特殊教育改革和发展的意见》指出：要坚持以职业教育为主，使学生具备良好的职业道德、比较熟练的职业技能。2011年，《残疾人职业教育与培训"十五"实施方案》提出：初步建立初等、中等和高等职业教育与培训相互衔接，以能力培养为本的残疾人职业教育与培训体系，加强残疾人中等职业教育，发展残疾人高等职业教育。2014年，教育部等六部门发布的《现代职业教育体系建设规划（2014—2020年）》提出：牢固确立职业教育在国家人才培养体系中的重要位置；到2020年，形成适应发展需求、产教深度融合、中职高职衔接、职业教育与普通教育相互沟通，体现终身教育理念，具有中国特色、世界水平的现代职业教育体系；建立人才培养立交桥，形成合理的教育结构，推动现代教育体系基本建立、教育现代化基本实现。该规划的提出为特殊学校发展特殊职业教育奠定了目标基础，使特殊学校更加明确了特殊职业教育发展的要义，同时也为特殊职业教育的实施指明了方向。2018年，教育部等四部门印发的《关于加快发展残疾人职业教育的若干意见》指出：加快发展残疾人职业教育，有利于更好地满足残疾人受教育的权利，提升残疾人受教育的水平，促进教育公平，推进基本实现教育现代化；有利于帮助残疾人提高就业创业能力，促进残疾人就业和全面发展，更好融入社会，平等享有人生出彩的机会；有利于帮助贫困残疾人脱贫增收，阻断贫困代际传递，加快残疾人小康进程，确保全面小康路上不让一个人掉队。由此可见，特殊职业教育不仅是特殊学生个体发展的需要，更是社会全面和谐发展背景下的大势所趋。

大连市甘井子区特殊教育中心从建校以来就一直积极致力于大龄学生职业教育的探索，充分利用社会资源建立并运行就业支持保障体系。经过不懈的努力，学校的职业教育发展与就业保障的价值日益彰显。本章共分为两节，第一节为"秉承学以致用理念，积极推动职业教育发展"，以课程展示的形式介绍我校职业教育涉及的领域与教学实施，全面展示我校特殊职业教育发展的理念与创新过程。第二节为"实现完满人生目标，有力发挥就业支持价值"，以特殊儿童就业与社会支持为重点，深入分析我校对于学生就业保障体系的运行与省思，为读者提供方法论层面的参考。

第一节 秉承学以致用理念，积极推动职业教育发展

"学以致用"是学校教育的终极目标，以适用性与实用性来衡量课程的价值是新课程改革中重要的变化，同时也是培智学校新课标中"以学生为主体，以生活化为原则，以应用型为准绳"的深刻实践。对特殊职业教育而言，如何兼顾学

生的身心发展水平与社会的需求，如何兼顾学生的潜能发挥与社会适应是摆在特殊学校面前的两大难题。

纵观普通学生的职业教育，主要集中在高中与大学阶段，学生的入学按照"报名—考核—录取"的流程，报名是首要环节。在报名的过程中学生会综合自己的兴趣、自己和家人所设定的个人规划、社会职业发展潜质等多维因素，而后经过多年的学习，为自己参与社会发展、独立生存赋能。而特殊学生由于生理发展的缺陷，对于自身的认识与理解不够深入，更难以洞悉社会发展的走向，此外，家长基于对学生身心障碍的忧虑，也难以对其职业选择有全面的考量与选择，致使特殊学生的职业教育往往"一锅端""一勺烩"，盲目无序的特殊职业教育乱象弱化了其本身应有的价值，并极有可能禁锢了学生原本无限的发展可能，造成严重的投入产出失衡。

经过十余年的探索与实践，我校逐渐摸索出了一套特有的特殊职业教育发展理念，即"兴趣为导向、能力为标尺、产出为目标"，先选择再实施的职业教育形式能够有效激发学生的学习欲望，使职业教育的成果更加突显，职业教育的产出更为顺利。就具体操作而言，我们从特殊学生的生理与心理特点、学习与社会就业的需求出发，设置通用基础、职业技术、岗位体验和道德教育四类课程。通用基础课使特殊学生在完成九年义务教育的基础上，进一步学习适应社会生活的科学文化知识。学校开设计算机、体育与健康、音乐与休闲、社会适应活动等课程作为必修课。职业技术课旨在通过对职业知识和技能的学习，使学生获得一技之长，获得服务社会的本领。根据不同程度学生的主观与客观需求，结合劳动力市场需求以及学校办学设施、教师业务水平等资源状况，学校开设烹饪、缝纫、手编、插花、美工、面点、木工、家政、客房服务、餐厅服务、陶艺、保洁、后厨等课程，并纳入"课程超市"，列入"菜单选项"，供学生及家长自主选择。每个学科的开设时间跨度根据每个特殊学生学习该学科所需的时间来确定。从总体上说，学生在两年内可以主修一门参加职业资格考核的职业技术课（如面点、烹饪、家政），辅修一至多门其他职业技术课。岗位体验课程内容有两个部分。第一部分是职业指导，即教师对学生进行职业技术辅导；第二部分是岗位体验，主要为学生体验社会职业而创设相关情境和提供实践机会。在校内有"一人一岗工作"，即在校园中设置多个岗位，这些岗位模拟了学生未来的工作，如门卫、保洁员、食堂帮厨等。学生可以按照岗位设置及要求自主应聘,每天上岗工作,教师检查考核,每月评选"岗位能手"。在校外有相关实习单位的专业师傅带领具有一定基础的学生在相关岗位上实习。关于岗位体验,我们会在后文详细介绍。道德教育课立足于追求人与社会和谐互动的目标。课程的内容:一是心理健康和青春期教育,主要解决"怎么做一个健康的我"的问题;二是法律与道德、行为与规范教育,主要是为了进一步加强学生的法律常识和生活礼仪常识的学习,让学生毕业后在社会生活中能够做一个知法、懂法、守法的文明好公民;三是职业道德教育,使学生养成良好的职业道德习惯,培养正确的劳动态度和敬业精神。

我校的职业教育(含岗位体验)课程结构是个性化的,学校根据每个特殊学生的能力和预定的目标来设置课程,在实施时,要把每个学生的不同目标融入各种具体课程中。经过两年的研发与实践,我校的职业技术课教学取得了良好的效果,形成了工作步骤分析细化、关键步骤技术放大、核心技术教学补救、教学过程与效果量化等特点,即在教学中教师采用工序分析法,遵循小步子多循环的原则,强化重点,解决难点,使学生逐步掌握所训技能,达到训练的预定目标,最终通过量化考核获取等级证书。在众多职业教育类型中,支持式就业的效果最为显著。下面就分享我校对于轻度智力障碍学生支持式职业陶冶教育的个案研究。

案例:
轻度智力障碍学生支持式职业陶冶教育个案研究

2011年,我校开始实施支持式职业教育的教学实践,按照支持式职业教育模式,为每个学生建立IVESP(个别化职业教育支持计划),对学生进行职业人格和基本能力的培养,从而建立个别化支持转衔机制,实现与支持性就业的衔接。我校教师经过整合职业班IVESP的个体目标,在征求了学生本人的意见后,确定了5名职业班学生,运用缝纫相关职业技能样本对其实施职业陶冶教育的教学,并结合学生的特点与需要,进一步调整职业技能样本,编制与职业技能样本相连接的教学计划,设计职业陶冶教学活动。以职业班学生小玉为例:

第四章 保障就业支持策略运行

一、职业陶冶教育前期评估

（一）学生基本信息

小玉，女，17岁，智商61，下肢残疾，智力与肢体双重障碍。家庭生活条件一般，与爸爸、妈妈、姥姥生活在一起。妈妈上班，爸爸因身体不好没有工作，平日在家里会做饭及做一些其他家务。小玉相貌清秀，性格偏内向，自我保护意识比较强，不太喜欢主动与他人互动交流。如果有事情找她帮忙，她很乐于为老师和同学服务，是老师的小助手。小玉平日学习努力刻苦，认真细致，接受能力比较强，很受老师的喜爱。但她有时没有耐心，帮助同学时偶尔会耍小脾气。

（二）职业愿望表达

小玉升入职业班，面临毕业后的就业问题，她本人也有着积极的就业愿望。教师在和小玉谈话时了解到，小玉对今后想要从事的工作行业及奋斗目标比较明确，她对缝纫相关的手工活动有着浓厚的兴趣，希望自己将来能开个缝纫店，缝缝裤脚，钉钉扣子，做鞋垫、椅子垫等，或者去服装厂从事与缝纫相关的工作，自食其力。这是小玉美好的愿望，也是她的职业理想，但她对就业环境和社会环境的了解并不多。

（三）前期评量结果

教师综合小玉的职业愿望，对她进行了职业教育课程的详细测评。从综合测评的结果可以看出，小玉的工作人格和社区独立生活技能得分比较高，职业技能得分相对低一些。存在的具体问题如下：

表1　具体问题

项　目	问　题　表　现
工作姿势协调能力	上肢不能正确手持剪刀裁剪布料，眼睛随上肢缝纫时不能正确观察推送布料，下肢踩踏力度忽深忽浅，手眼脚不能协调工作。
工具使用材料使用	不能正确使用劳动工具，还有待进一步了解各种劳动工具的性能，不会合理利用材料，在使用材料时，毫无节约意识，浪费材料。
工作程序	没有老师的安排则表现被动，不会独立工作，手足无措、畏手畏脚。

（续表）

体力负担	下肢有残疾，劳动能力受影响。
计算能力	智力障碍，计算速度比较慢。
安全应变	安全意识不强。

（四）职业向性诊断

结合小玉的职业愿望，从社会、学校、家庭及个人等相关影响因素进行分析，可以得出如下结论：

1. 目前服装行业的就业形势良好，一些服装行业工作强度大，造成人员流动性大，因此服装行业用人一直处于比较紧缺的状态。学生的可塑性比较强，是用人单位合适的录用人选。

2. 我校有一支专业的职业课程教师队伍为学生提供专业技能培训，还有专职职业指导教师在学生职业转衔遇到问题时为学生提供咨询和解决方案。

3. 学生的家庭条件比较困难，也需要其毕业后顺利就业，减轻家庭负担。

4. 小玉的自尊心很强，但由于腿部有残疾，学校开设的烹饪、面点、清洁、打印等课程都不适合她。其他同学忙碌的身影曾让她感到失望、无助，她一度失去了信心，甚至自暴自弃。

综上所述，决定让小玉进行职业陶冶教育中缝纫技能的学习。计划通过缝纫技能的学习和训练，帮助小玉胜任诸如服装厂等缝纫工作，或达成自己开个缝纫店的愿望。

二、确定职业陶冶教育的训练目标

职业陶冶教育教师和职业转衔辅导教师共同研究后，为小玉确定了职业陶冶教育目标，编制了个别化职业陶冶教育支持计划，使小玉通过支持式职业陶冶教育尽快掌握工作技能，适应工作，顺利实现职业转衔，融入社会。具体目标如下：

1. 正确认识和使用劳动工具，并能对机器进行简单维护。严格遵守各项工作规定和制度，明白劳动纪律和安全生产的重要性。

2. 会使用机器做精细的手眼脚协调操作，能根据需要统筹安排、合理使用原材料，以最少的时间、最低的成本、最好的品质达成工作目标。

3. 学会独立组织工作程序，组织完成鞋垫、套袖、椅子垫等产品的剪裁、缝纫加工、收尾整理、推广销售和结算入账等工作流程。

4.培养团队意识。明白团队目标高于一切,每个人都是这个团队的重要一员,懂得发挥个体特长,取长补短,互相协作,共同达成团队目标。

三、实施过程

根据测评结果和小玉轻度智力障碍、上肢灵活、下肢有残疾、手脚协调障碍的现状,在职业陶冶训练过程中,教师想尽一切办法解决她自身缺陷带来的困难,竭尽所能挖掘她的最大潜能,让她学有所得,真正掌握一技之长。结合小玉的 IVESP,为其匹配了鞋垫、套袖、椅子垫、围裙等职业技能样本,运用职业技能样本对其实施职业陶冶教育。

(一)训练过程

1.在训练准备阶段,教师首先运用讲授和示范等教学法,对小玉和其他学生进行劳动纪律、安全生产、各项规章制度的教育,让学生明白遵守劳动纪律和安全生产的重要性。引导学生认识各类劳动工具,强调正确、安全使用劳动工具是产品生产的必备常识。通过学生大声诵读、教师逐条讲解分析、分小组讨论、在家中以某一项家庭劳动或工具为例讲给家长听等学习方法,帮助学生理解和加强记忆。对照缝纫机等劳动工具的使用说明书,边比较、边操作,再对照、再操作,直至熟练掌握每一件劳动工具的名称和安全正确的使用方法。

2.通过剪裁布料发展计算能力,结合机器操作,共同促进手眼脚协调能力。合理剪裁、统筹安排原材料是降低缝纫生产成本的前提。由于小玉计算能力欠缺,经常会算错尺寸,裁剪布料不是大了就是小了,教师将尺寸标记在布料上示范讲解、画出样品,让小玉按样品量、画,再引导小玉用旧报纸练习量尺寸剪裁,学会大布块做垫子、围裙、桌套等大物件,剪剩下的小布头做鞋垫、套袖、书套等小物件,从而降低成本,实现其计算能力的提高。

小玉腿部残疾、腿脚无力,而踩踏缝纫机的踏板是学习使用踏板缝纫机的必要环节。为了让她的脚感受到踏板力度的强弱变化,教师运用辅助手段按着她的脚,通过按压脚面的方法让她空车踩踏感受深浅力度的变化。然后光脚踩踏,让脚的触觉神经直接接触踏板,慢慢找到感觉,再穿上鞋反复练习,感受由轻到重的踩踏力度与针头上下跑线快慢之间的关系。小玉能比较自如地控制踏板后,开始学习缝纫直线。成品是否美观,线迹很重要。教师在剪裁好的方形布料上画好直线示范直线线迹缝纫，让小玉观察如何运用手脚眼的协调配合去推、拉、拽、转以传送布料，反复实践体会手脚眼的协调配合。循序渐进的练习使小玉的缝纫技能一天天进步，手脚眼协调并用的工作技能不断发展。

3. 在学习缝纫技能的过程中，组织和计划好工作程序能保障产品顺利完成。一开始教师安排一项工作，小玉做一项，完成了就不知要做些什么。发现这种情况后，教师及时调整了教学方法，提出让小玉做"老板"，老师做"副手"，协助小玉完成每件产品。

工作中教师及时给予提示，再将生产每件产品的工作程序制成结构化教具，利用结构化教具辅助小玉学习。这种模拟实验和结构化教具的利用极大调动了小玉的学习积极性，她先后组织完成椅子垫、鞋垫、套袖的剪裁、缝纫加工、收尾整理流程，独立组织完成工作程序的能力得到锻炼。

4. 发挥个体特长，互相协作，共同达成团队目标。在练习做椅子垫、鞋垫、套袖的过程中，小玉有时既要缝纫又要拆跑乱的线，小玉便让正在自己练习的同学来帮忙拆线，练习的同学却推脱说这不是自己的工作。或者有的同学哪道工序做得不太好请求小玉帮忙，小玉却表现得不友好、不耐烦。这是小玉和同学们缺乏团队意识的表现。教师采用角色扮演和故事启发的方式，使他们明白团队目标高于一切。每个人都是团队的重要一员，"缝纫团队"中大家存在能力差异，有的人缝纫机跑线运用得好，有的人给梭子绕线绕得好，有的人只能做填充丝绵这样的工作，不管做的是哪一道工序，都是加工产品不可缺少的环节。教师告诉小玉，"老板"要耐心协调好大家的工作，只有发挥个体特长，取长补短，互相协作，才能提高生产效率。小玉的责任心逐渐增强，与教师、同学都能及时沟通，主动督促和帮助同学，提高了团队合作意识。

（二）缝纫技能绩效评估

随着小玉的缝纫技能不断提高，她对自己产品的品质要求也不再局限于会制作。加工的线迹越来越直，布的边缘缝制得越来越匀称，不再有产品的开头和结尾线头参差不齐或开线等情况，产品质量和美观程度也越来越高。从3月份开始缝纫技能的训练，到6月份一学期结束后，小玉学会了独立组织完成鞋垫、套袖、椅子垫的成品加工，在模拟的"缝纫店"学会了产销结合。销售产品一百多件，获得劳动报酬几百元。

四、效果与讨论

学期末，教师再次对小玉进行了综合测评，从综合评量结果（表2）的前测、后测对比可以看出，小玉的工作人格、职业技能、社区独立生活技能都有进步，职业技能各项得分明显提高。

表2 综合评量结果

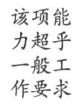

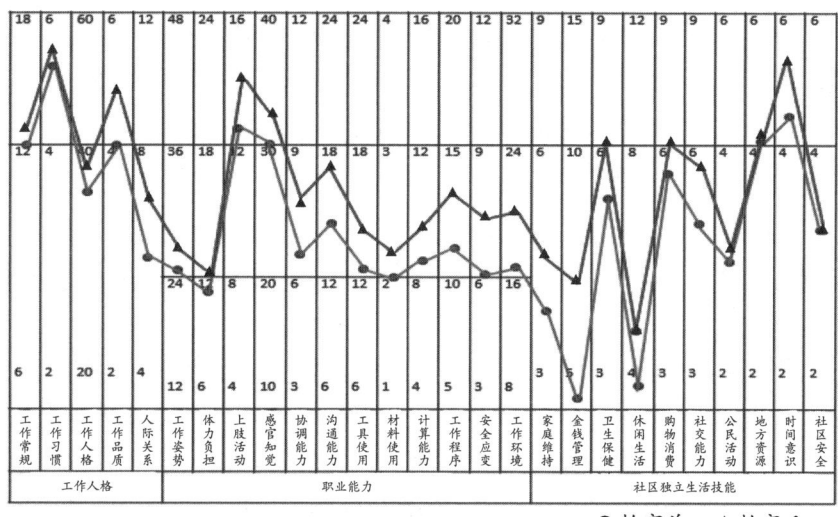

维度	项目	该项能力尚未养成	该项能力可达一般工作要求	该项能力超乎一般工作要求
工作人格	工作常规	6	12	18
	工作习惯	2	4	6
	工作人格	20	40	60
	工作品质	2	4	6
	人际关系	4	8	12
职业能力	工作姿势	12	36	48
	体力负担	6	18	24
	上肢活动	4	12	16
	感官知觉	10	30	40
	协调能力	3	9	12
	沟通能力	6	18	24
	工具使用	6	18	24
	材料使用	1	3	4
	计算能力	4	12	16
	工作程序	5	15	20
	安全应变	8	24	32
	工作环境	8	24	32
社区独立生活技能	家庭维持	5	10	15
	金钱管理	3	6	9
	卫生保健	4	8	12
	休闲生活	3	6	9
	购物消费	3	6	12
	社交能力	2	4	6
	公民活动	2	4	6
	地方资源	2	4	6
	时间意识	2	4	6
	社区安全	2	4	6

● 教育前 ▲ 教育后

前测、后测评估结果表明，小玉能在无辅助器材的情况下手眼脚协调地操作劳动工具；能正确地使用工作中的材料；能正确操作及维护三种以内的电动工具；能在不需要他人协助的情况下解决工作中的问题；能自行使用测量工具做大小、长短的估量；能自行组织工作的动作程序，提高工作效率；能提醒自己和他人注意维持工作场所的安全。

由此可见，结合每个学生的需要合理制订IVESP，进而采用职业陶冶教育模式能够帮助智力障碍学生掌握简单的职业知识和劳动技能，在学习技能的过程中逐步完善职业人格，同时职业能力也得到发展。

智力障碍学生的职业陶冶教育要有循序渐进的意识，要根据智力障碍学生的实际能力来确定学校的职业课程，由浅入深、由易到难，让智力障碍学生的工作人格、劳动能力、劳动习惯在活动和各种形式的职业陶冶中得到培养和提高。学生们通过职业陶冶和职业教育课程树立起自己的职业理想，培养了职业兴趣，建立了强烈的自信心，将来融入社会、走进职场也能不自卑、不怯弱，与周围人和谐友善相处，拥有社会竞争力，最终实现自食其力、服务于社会的目标。这便是国际劳工组织正在中国推进的智力与发展性障碍者的支持性就业模式，也是我校实施支持式职业教育的根本目的，对我校智力障碍学生顺利实现支持性就业的目标起到了良好的推动作用。

相较于普通学生，特殊学生的学习认知能力显著不足，为在有限的、可接受的范围内促成学生的就业，需要教师保证职业教育能够学以致用。通过工学结合的教育输入与工作产出的良性循环，学生能够在职业兴趣的引导下提升职业能力、职业参与程度与职业产出效能。

第二节 实现完满人生目标，有力发挥就业支持价值

党的十八大以来，以习近平同志为核心的党中央坚持以人民为中心的发展理念，对残疾人格外关心、格外关注。习近平总书记多次发表重要讲话、做出重要指示，深刻阐述了发展残疾人事业的重要意义，提出了"全面建成小康社会，残疾人一个也不能少"的明确要求，为做好全面建成小康社会决胜阶段的残疾人工作提供了思想武器、基本遵循和强大动力。残疾人也是社会中能动的个体，具有个体能动性，充分发挥就业支持价值能够助推其实现社会产出，在彰显个人价值的同时实现社会价值，推动其完满人生目标的实现。

一、残疾人就业支持的理论

（一）社会保障理论

从全社会来看，弱势群体对社会保障需求程度最为强烈。根据这些弱势群体的不同特征，社会保障项目可以分为残疾人社会保障项目、贫困人口社会救济项目、临时性灾难救助项目等。1990年，我国颁布《中华人民共和国残疾人保障法》，从法律上确定了残疾人获得国家帮助的权利。残疾人社会保障项目逐渐得到国家和社会的重视并迅速发展起来。各单位雇佣残疾人员参加工作，需要按规定为其缴纳养老保险、医疗保险、失业保险、生育保险和工伤保险，以保障其在遭遇年老、疾病、失业、生育和伤病时的基本生存能力；为鼓励各类企事业单位积极吸纳残疾人员参加工作，国家和地方政府还出台了许多补助措施，以减轻企业负担，

鼓励企业积极帮助更多能够参加工作的残障人员参与到正常的工作生活中来。

由于残疾人社会保障理念的不同，长期以来，我国的残疾人保障受益人群仅限于身体残疾人员，患有精神类残疾的患者不仅要面临比身体残疾更艰难的生存环境，还要面对社会性支持非常稀缺的现状，这使得精神类残疾人员的保障连相对公平的程度都达不到。孤独症就是一种较为严重的精神类残疾。我国有众多的孤独症患者，由于这种先天疾病发病特征的限制，未来他们自身的发展将受到很大的限制。目前在我国的社会保障项目中，针对这一人群只有少量的社会救济，缺乏长远的、规范的制度规划，孤独症患者的社会保障权利仍无法得到充分保障。

经济基础决定上层建筑，社会保障落到实处要依靠国家利用各种手段来分配、平衡各种利益关系，最终解决社会问题。如果一国的社会保障发展水平与经济发展水平相适应，就会促进该国的社会经济进一步发展，如若不适应，则会成为社会经济发展的障碍，引起一系列不良后果。因此，社会保障的发展必须坚持与社会经济发展相适应的原则。经过四十多年的改革开放，我国经济持续数十年保持高速增长，人民分享了经济发展的成果。但是，在对收入分配有巨大影响的社会保障方面，不同人群所享受的权利是存在巨大差异的，而对于大龄孤独症患者这一弱势群体，至今仍没有专门保障其基本生存的社会保障项目。如何使不同人群平等地享受社会保障权利，是我们应该研究的问题。

（二）需求层次理论

人类在不同时期的需求是具有不同特征的，根据这些需求的特征，美国著名人本主义社会心理学家马斯洛将之划分成五个层次。第一个层次是人们的生理需求，它是指为了维持生命存续和种族延续所必需的、与生俱来和必不可缺的需要。主要包括空气、水、食物、必要的休息、新陈代谢、风险规避等。它是人和动物所共同需要的，只是在获取方式上具有些许差异。第二个层次是安全需求，它是人们更高层次的一种需求，是人们在满足基本生理需求的基础上，保持生活稳定，主动进行风险规避等需求的总和。第三个层次是社交需求，它是人们在社会交往的过程中，对家人、朋友、社会团体间的亲情、友情、爱情等感情上的需要。这类需要往往没有量化的衡量指标，而是比较细微和多变的心理感受。第四个层次是尊重需求，它是人们在社会交往中受到他人尊重、信赖和良好评价的需求，这种需求促使人们更好地提升自身能力，提高社会交往技巧，是人们需求中的较高层次。第五个层次是自我实现需求，它主要指人们希望发挥个人能力，实现个人理想的需求。

从历史发展来看，人类从原始的刀耕火种，发展到如今利用先进的技术设备大规模开展日常作业，一般身心健康的普通人的生理需求应该说已经基本能够得到满足，但残疾人的生理需求却很难得到满足。以广大孤独症患者为例，因其所患疾病的特殊性，大多不能照顾好自己，无法自发地满足生理需求，需要得到他人的指导才能保证其不受饥渴冰冻之苦。安全需求相比于生理需求的本能性来说，是一种更高层次的需求。一般而言，人们对安全需求的强烈程度与其生理需求的满足程度有关。人们解决了日常吃饭、穿衣、必要的休息需求后会逐渐增加对安全需求的追求。随着人们生活水平的提高，人们对各种形式的保险的需求程度逐渐加深就是一个很好的例证。但对于孤独症患者来说，生理需求与安全需求的这种递进关系表现得并不明显。孤独症患者往往有较为怪异的行为特征，不知道主动规避风险、满足安全需求。社会交往需求小也是孤独症患者明显区别于常人之处。几乎所有的孤独症患者都不具备正常的社会交往能力，也没有强烈的甚至一般的社会交往需求。孤独症患者对自我实现的需求程度更是少之又少。一般来说，人们对这五个层次的需要是逐步上升的，即只有当生理、安全等需要得到满足后，人们才会追逐高层次的自我实现需要。保障孤独症患者的基本生存需求是目前社会保障体系的当务之急。

二、残疾人就业支持的困境

2013年8月19日，中央组织部等七部门发布的《关于促进残疾人按比例就业的意见》指出：各区（县）残疾人联合会及所属残疾人就业服务机构要积极主动做好残疾人按比例就业工作。通过政府购买服务等方式，鼓励和扶持各类职业培训机构参与和承担残疾人培训，开发适合残疾人的培训项目。省、市、县要切实加强残疾人就业服务体系及残疾人就业服务机构的规范化建设，不断提高规范化服务水平。近年来，大连市甘井子区运用政府购买服务的方式，在安置残疾人就业、组织岗前培训、改善残疾人的基本生活状况等方面取得了一定的成绩。但由于残疾人的自身状况和残疾程度参差不齐，接受教育的能力各有不同以及社会各方面对残疾人在就业岗位上的排斥现象仍然存在，使得我区的残疾人就业，尤其是按比例就业的形势十分严峻，究其原因主要有：

其一，重视程度不够。通过调研走访发现，由于缺乏刚性制度措施和指标要求，不少党政机关和事业单位的负责人认为，安置残疾人就业应当是就业部门和残联组织的事情，安置与否与本单位关系不大，宁愿年年缴纳保障金，也不愿意拿出合适的岗位安置残疾人就业；有的单位干脆"事不关己，高高挂起"，既不安置残疾人就业，也不缴纳保障金，导致按比例安置残疾人就业工作始终停滞不前，难以取得明显的成效。

其二，存在就业歧视。这是影响按比例安置残疾人就业工作推行的一个重要因素。一些党政机关和事业单位负责人认为，当前单位各项工作比较规范、有序，安置残疾人有损单位形象，还会招致不必要的麻烦，不如交点钱来得方便。还有一些党政机关和事业单位负责人认为，残疾人文化程度低，能力较差，如果不经过专门培训，短时间内难以胜任岗位工作，同时还需要特殊关照，事情比较多，聘用成本较高，并存在一定风险，因此不愿意安置。

其三，供需对接不到位。多年来我区几乎没有专门针对残疾毕业大学生的专门岗位或定向招聘。党政机关和事业单位按比例安置残疾人就业时主要拿出的是本单位的一些服务保障方面的岗位，如收发文件、门卫、保洁等，工资待遇比较低，吸引力不够大。而有就业能力和意愿的优秀残疾人才，由于政策门槛高，难以实现就业。

其四，残疾人文化程度普遍偏低。受自身文化水平、身体状况、社会环境等因素影响，残疾人就业面临的现实困难很大。残疾人就业率低、失业率高的主要原因还是缺乏职前教育和职业培训。

其五，缺乏专门的信息服务平台，残疾人对就业政策知晓率低，覆盖面窄。目前，我区没有专门的针对残疾人就业的信息服务平台，再加上残联人员编制少，难以与残疾人进行面对面的沟通，工作力量比较薄弱。

其六，开发残疾人就业能力的主体缺乏开发力度和协作。从政府层面来看，各职能部门对残疾人就业能力的开发不足，且各开发主体之间缺乏有效协作。例如，虽然区残联积极建立残疾人就业指导部门并组织开展残疾人职业培训活动，但专职人员数量少；人力资源和社会保障部门则更重视对一般劳动者或者流动务工人员的就业培训，对残疾人的职业培训推进不够，不能适应残疾人的特殊需要；教育部门对残疾人的职业教育不够重视，缺乏有力的监督和引导；主管残疾人康复事业的卫生部门也未能发挥应有作用，导致康复医师和辅助人员极度匮乏。

其七，第三部门的缺位直接导致残疾人就业无门。第三部门有多种不同的称呼，如非营利组织、非政府组织、第三域等，具有组织性、私有性、非营利性、自治性、自愿性等特征。它作为帮助弱势群体的一支重要力量，不但可以给残疾人提供一个令其选择的就业领域，缓解政府的压力，还可以给残疾人提供就业辅导和专业指导。但就甘井子区而言，目前这样的专业组织还不多见，即使有也面临着多种问题：双重管理体制的束缚、资金不足、社会认知度低、自身的能力局限等。这严重影响着第三部门职能的发挥，不利于创造良好的残疾人就业环境。

三、残疾人就业支持的实现

（一）支持性就业的可行性

随着社会的发展，我国对残疾人的教育与就业安置愈加重视，残疾人的就业比例逐年增加，但在智力残疾领域，就业现状仍不容乐观——一般的职业教育对其收效甚微，难以满足用人单位的实际需求，致使许多智力残疾人员处于"常年休假"和领取社会最低保障金的状况。如何帮助特殊学生走上就业之路已经成为特殊教育的重大难题之一。

基于特殊学生在沟通、自我照顾、居家生活、社交技能、自我指导、健康与安全、功能性学科能力、休闲娱乐和工作等方面存在实质性限制，我校把"支持性就业"的概念引入了到学校职业教育之中，即在多种环境中提供持续性支持，形成一套独具特色的职业培训体系，最终帮助特殊学生实现成功就业的美好理想，使特殊学生也能自食其力，成为家庭的希望和社会和谐的符号。

支持性就业是指在一段时间内利用一些资源与策略增进一个人（不论残障与否）的利益，帮助他从整合的工作与生活环境中获得资源、信息和关系，进而使一个人的独立性、生产性、社区整合性与满足感都得到提高，最后能基本胜任一种或多种工作。在一些资源与策略的支持下，特殊学生的成功就业成为可能。

（二）支持性就业的探索

21世纪的到来也带来了国际社会对残疾人事业发展方向的新认识——智力残疾人康复的全新实践方式是以"生活质量"为导向的社区康复，它涵盖了早期干预、特殊教育、支持性就业几个方面。特殊教育的新趋势就是学校、家庭、社区的一体化服务。

我校的支持性就业已经形成了岗前培训与岗后指导的一体化服务，主要从三个方面入手，即岗前培训、调整磨合和岗后指导。详见下图。

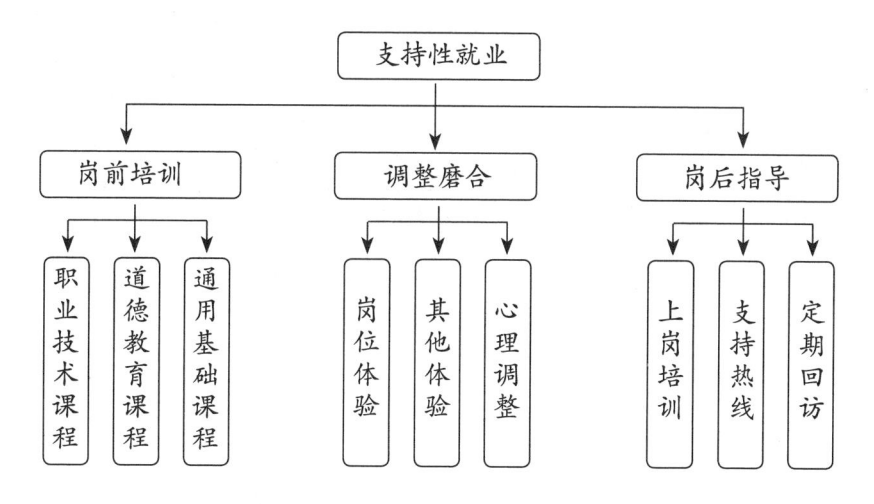

```
                        支持性就业
         ┌─────────────────┼─────────────────┐
      岗前培训           调整磨合            岗后指导
    ┌────┼────┐       ┌────┼────┐       ┌────┼────┐
   职业  道德  通用    岗位  其他  心理    上岗  支持  定期
   技术  教育  基础    体验  体验  调整    培训  热线  回访
   课程  课程  课程
```

前文中已经详细介绍了岗前培训的三门基础课程与职业体验，下面着重从调整磨合与岗后指导两部分分析我校支持性就业的具体实践。

1. 调整磨合

调整磨合时期一般指特殊学生就业前一至两年到就业后试用期满（试用期一般为三个月至一年）的时间段，这是决定特殊学生能否成功就业最关键的时期。这一时期的岗位体验活动和其他体验活动最为重要，学生非常受益。同时，这个时期还要加以必要的心理教育。

调整磨合的岗位体验旨在带领有一定支持基础的学生到一些将来有可能就业的岗位上实习一段时间，以获取宝贵的工作经验。体验时间一般为每月一次，每次一周左右。在初级实习阶段，我校会安排学生在本校的食堂、保洁、传达室等岗位上实习一周。学生的工作内容和时间与工作人员类似，最大限度地让学生体验到真实工作的感受。学生的实习大环境并没有脱离学校，不会使学生由于环境的陌生而产生较大的心理落差，同时更便于教师指导和监督学生的实习。初级实习阶段合格的学生可以进入高级实习阶段，即定期到将来有可能就业的岗位上实习一段时间，如福利厂、超市、酒店、宾馆等。每位学生都有实习单位的专业师傅带领工作，教师也要监督每位学生的表现。这时，学生的实际工作能力就能明显地表现出来，同时也会暴露出各自的不足和问题，这给支持性就业提供了最好的教育时机。教师可以立刻采取相应的教育措施帮助学生改进。岗位体验让特殊学生真正体验到了工作，也明白了许多道理。一位学生在日记中动情地写道："我和酒店的姐姐一起干了几天活，才知道工作是多么辛苦，挣钱是多么不容易。因此，我也理解了父母的辛劳，以后我再也不乱花钱了。我也想告诉父母，虽然我当不上科学家，但我会努力学习劳动技能，将来好好工作，孝敬他们，让他们也能为我骄傲。"父母看过后流下了幸福的眼泪，他们感觉到孩子长大了、懂事了。

其他体验有两部分内容。第一部分是综合实践活动，如爱心义卖活动、社区服务活动、暑期挂职锻炼和毕业实习锻炼等岗位内容，学生可以每月走上街头，融入社会，体验生活的多彩、工作的艰辛和奉献的愉悦。第二部分为工资体验、惩罚体验等。在体验中利用大量的人民币教具，根据学生在学校岗位体验中的工作表现发放"工资""奖金"。若学生违反有关规定，学校可以采取"罚款"等形式，让学生建立初步的工资概念，了解工作单位的一些规定。

心理调整应从三方面着手，包括教师及其监护人对学生的教育、同学（包括毕业生、残疾人士、同龄人等）之间的同辈教育和自我心理调整。调整磨合时期的特殊学生年龄在15~19周岁，也正处于青春期，情绪波动较大，叛逆心理较强，所以教师及其监护人要在青春期心理健康教育的基础上对其进行系统的就业心理教育，使特殊学生建立良好的就业心态，具有一定的抗挫折能力。然而，一些特殊学生的认知障碍会影响其理解能力，从而无法建立良好的就业心态，有依赖学校生活和恐惧工作的心理。这时，我们通过开展同学之间的交流，尤其是与已就业的毕业生的交流，就会起到很好的教育作用。毕业生说出自己切身的体验和工作后的变化（毕业生用自己挣的钱去孝敬父母，买了自己喜爱的生活用品，如衣服、手机等），这对于特殊学生有很强的吸引力和影响力，能促使其心理发生转变。他人的教育最终是为了促进特殊学生自己的心理转变，由抵触工作或无工作概念，向向往工作转变。

2. 岗后指导

特殊学生真正走上工作岗位后，会面对全新的工作环境，还会遇到许多前期没有想象到的问题和困难，所以岗后指导就变得非常有必要了。岗后指导包括上岗培训、支持热线和定期回访。

上岗培训一般由用人单位负责具体培训，我校教师根据用人单位的要求和毕业生的实际能力，给予毕业生一定的支持。如，上班初期，教师带领学生坐班车上班，引导学生理解和实践一些上岗培训知识。随着学生的进步，教师可以逐步减少这种支持，转为给予更深层次的支持。

虽然学生独立工作了，但还是会遇到许多意想不到的突发问题和困难，如果不能及时处理好，会直接影响学生的工作情绪，甚至会使他们丢掉这来之不易的工作机会。于是，我校开通的全天候支持热线就成了毕业生及其家长倾诉的渠道。"老师，我今天在工厂犯了个错误。我身体不太舒服，就没听班长的话，没有去干活。""老师，我是××的家长，孩子在家休息三天了，单位怎么还没通知上班啊？我在家都急死了。"教师都会在电话另一头耐心地一一解释。遇到特殊情况，教师也可以和用人单位联系，为毕业生在工作单位顺利工作"搭桥铺路"。

定期回访是一项常规工作，不仅要调查用人单位对毕业生的满意程度，还要不定期考核学生的工作情况、工作满意度，并填充到每个毕业生的档案中，为毕业生负责到底。这些记录也为下一批学生的就业提供了宝贵的一手资料。

经过岗后指导，特殊学生基本能顺利转入自然支持，即来自单位、同事及监护人的支持，从而使特殊学生能够更加独立、轻松地工作。

（三）支持性就业的反思

经过多年的实践与探索，我校的支持性就业体系逐步完善。通过学校职业教育的"支持"，大多数特殊学生都有了巨大的进步，他们不仅掌握了一项或多项工作技能，还具有了良好的职业道德和心理状态，基本能胜任本职工作，实现成功就业的最终目标。家长无不感激学校所付出的努力，有的用人单位也表示："你们学校的毕业生有多少，我们就要多少。"目前，我校已经与两家国有制福利工厂和一家三星级酒店达成了用人协议，并呈现出供不应求的良好就业局面，有的优秀毕业生甚至有两家单位抢着要。我校的毕业生不仅能够成功就业，还有了越来越广的就业选择范围和越来越多的就业选择权。

我校的支持性就业也曾遇到许多难以想象的困难，走过一些弯路。首先，"支持性就业"的概念是从发达国家引入的，由于国情不同、资源有限，我们可以借鉴的经验和形式很少，只能不断实践和探索。很多课程需要走出校门上课，如岗位体验和社会实践活动等，联系实践单位就是一个大难题，许多单位都不敢也不愿接待特殊学生，怕承担责任。目前，社会对特殊人群的支持和理解还非常有限，需要学校领导做大量的协调工作。社区、医疗机构的支持非常匮乏，我校只能自筹资金聘任专职职业技术教师和医务人员，并购买了数十万元的职业教育设备和康复设施，但与发达国家的标准还有一定的差距，也难以满足特殊学生的需求。其次，支持性就业对任教教师的要求比较高，教师不仅要了解特殊学生，还要对特殊者就业单位的各方面需求及业务非常了解，需要随时"充电"。支持性就业师资力量要求大，教育经费需求多，保证学生的安全难，取得学生家长的支持难等都是学校面临的实际困境。

随着社会的进步，特殊学生就业问题日益得到关注。培智学校应积极把握机会，充分调动一切有利资源，结合时代发展的需求，加强对学生的支持式职业教育，使学生能够充分发挥自身的产能价值，达成人生与社会的双向目标。同时，通过支持式职业教育的发展，我们也向社会提供了一个多维了解特殊学生的窗口，让社会了解特殊学生参与就业的优势与不足，以便创建更具融合性的职业环境，使特殊学生能够切实提高职业参与感和适应性。相信未来经过不懈的努力，我国残疾人群也能发挥自身的人力资源优势，共同为社会主义现代化事业的发展献出自己的一份力量。

第五章 完善区域指导中心建设

当前，在世界各国都在对特殊教育学校、资源教室、融合教育模式等进行重新思考以求为特殊儿童提供更高质量的服务之时，我国的特殊教育也发展为由追求数量向追求质量转化。

2008年修订的《中华人民共和国残疾人保障法》要求普通小学、初级中等学校，必须招收能适应其学习生活的残疾儿童、少年入学。2017年修订的《中华人民共和国残疾人教育条例》提出残疾人教育应当提高教育质量，积极推进融合教育，根据残疾人的残疾类别和接受能力，采取普通教育方式或者特殊教育方式，优先采取普通教育方式。《国家中长期教育改革和发展规划纲要（2010—2020年）》提出"完善特殊教育体系"的目标："到2020年，基本实现市（地）和30万人口以上、残疾儿童少年较多的县（市）都有一所特殊教育学校。""不断扩大随班就读和普通学校特教班规模。"《特殊教育提升计划（2014—2016年）》提出"使每一个残疾孩子都能接受合适的教育"，《第二期特殊教育提升计划（2017—2020年）》提出要"坚持统筹推进，普特结合。以普通学校随班就读为主体、以特殊教育学校为骨干、以送教上门和远程教育为补充，全面推进融合教育"的基本原则。2020年6月，教育部印发了《关于加强残疾儿童少年义务教育阶段随班就读工作的指导意见》，以制度建设和机制建设为中心，对义务教育阶段随班就读工作做出明确规定，标志着特殊教育从完成普及向完善体制机制、内涵发展的转型升级，意义十分重大。

大连市甘井子区位于大连市西北部，辖14个街道，区域面积502平方千米，常住人口120多万，是大连市最大的行政区域。全区现有中小学校近百所，幼儿园200多所，特殊教育中心1所。截止到2020年9月，全区在校特殊儿童、少年347人，其中特殊教育学校学生158人，随班就读的189名学生分布在全区70所中小学，送教上门56人分布在全区20所小学；全区接受过特殊教育专业系统学习培训的专职特教教师52人，普通学校资源教师及融合教育教师200多人。

站在特殊教育发展的新起点上，大连市甘井子区特殊教育中心顺应特殊教育

的发展需求,力争实现三个支持:

一是融合视角下的学校支持。学校将由传统单一的教育职能机构,转变为具备多重服务职能的地区性特殊教育资源中心,辐射区域内的普通学校,为其提供支持服务。二是融合视角下的教师支持。特教教师将由以前单一的教育者角色,逐步转变为兼具教育者、评估者、合作者、协调者和督导者职能的多重角色,为满足特殊儿童的特殊需要提供支持。三是融合视角下的资源支持。积极构建特殊教育资源整合模式,学校将与社区、基金会、义工团队、大学生志愿者、民间爱心人士等多方力量一起探索融合之路。利用整合的资源优势,宣传融合理念,开展社区康复服务,协助特殊儿童筛查,推动职业转衔,全方位为特殊儿童提供资源支持。本章共三节,从积极倡导到多措并举再到反思提升,全面分析了我校"随班就读指导中心"工作的实施与价值。

第一节 统筹规划,有效支持随班就读工作开展

2003年建校之初,学校把开展区域随班就读工作作为一项重要的工作内容,专门成立了"随班就读指导中心",中心单独设编制、派专人对全区随班就读的学校、学生、教师进行管理、培训和指导。为唤起各主管部门对随班就读工作的重视,中心与各主管部门进行了积极的沟通。

一、主动作为,助推随班就读工作开展

通过调查研究发现,特殊学生家长和很多普通学校教师对随班就读工作知之甚少,各主管部门亦是如此。我们坚信观念和态度可以通过深入的了解发生改变。通过梳理我区特殊教育工作的发展历程,我们发现接触频率与接纳度呈显著正相关。改变上级部门领导的认识是可行的,也是必须的。因此,学校的做法是将相关工作情况主动汇报给上级部门,如,主动向市区教育局和残联汇报学校工作计划、年度工作亮点,把学校对市、区特殊教育的思考和建议以提案或者建议的方式上报;定期举办关于特殊教育及随班就读工作的知识讲座,邀请主管特殊教育的教育局领导以及进修学校、残联、妇联、街道、公益组织负责人等参加。除此之外,学校还与其他省市友好学校互相进行实地考察、交流学习,并以成果发布的形式汇报给各相关部门,从而加深上级部门对随班就读工作的了解。

二、发挥职能作用，强化管理服务

（一）健全管理网络，规范管理制度，确保随班就读工作有序开展

有效管理是取得成功的基础，为切实有效地做好特殊教育工作，学校通过政协提案，将随班就读工作纳入区教育部门的重要工作日程，建议区教育局成立区随班就读工作领导小组。健全区校两级管理网络，由主管教育的副局长担任组长，中小教科科长担任副组长，成员由特教中心校长以及各个随班就读点的校长组成。为确保随班就读工作落实到位，中心拟定了《甘井子区随班就读工作指导意见》供教育局审议。通过多次提案讨论，区教育局对随班就读管理的各个方面、各个环节都做出了明确的规定，先后出台了关于随班就读学校和巡回指导教师职责等的指导性文件。区教育局将残疾儿童随班就读情况纳入对各镇、各学校的督导评估内容之中，每学期末，随班就读工作领导小组会集中对随班就读情况进行检查，并进行评比总结及经验介绍等。

（二）完善随班就读指导中心工作职能

特教中心为加强内涵建设、发挥专业支持作用，增设了巡回指导教师、资源教师、康复训练教师等岗位，形成了职责明晰、分工明确的专业管理团队、专业支持团队、专业服务团队，为随班就读工作的顺利开展提供充足的人员保障，努力实现"资源中心"、"康复中心"、"研究中心"与"评估中心"的功能。在随班就读工作推进过程中，我们逐渐把管理与服务、研究与指导、评估与训练作为随班就读指导中心的三大核心功能，不断促进区域特殊教育的发展。甘井子区教育局在资金紧张的情况下，每年都拿出专项资金用于随班就读工作，保证了工作的顺利开展和实施。2005年，教育部对全国100个县市区进行随班就读工作评选，甘井子区被评定为"全国随班就读工作支持体系保障区"。在全区的57所小学中，大多数学校都有随班就读的学生，在全区相对集中的地域，我们选取其中的一个试点学校建立了资源教室。甘井子区特教中心建有全区最大、功能最全的大资源教室，教育局对于资源教室的建立给予了一定的财政补贴。指导中心还拟定了甘井子区随班就读学生康复训练课程方案，确定了技能康复、运动康复、艺术康复、语言康复、心理康复五类康复训练课程内容，明确了"前期评估—家校商议—目标确定—个别化教育计划制订—康复训练—阶段性评估反馈—目标调整—康复训练—终期评估"的评估与训练相结合的康复训练流程。

三、医教结合，明确界定标准

在推进随班就读工作的过程中，我们对普校教师开展随班就读的工作情况进行了调查，发现义务教育阶段随班就读对象的界定与认定是一个存在很大争议的问题——到底什么样的孩子应该进入普校、什么样的孩子应该进入特殊学校，没有一个明确标准。针对这种情况，作为开展随班就读工作的专门部门，学校多方寻求帮助，大胆实践，与市区医院联合开展了医教结合项目。2007年11月，我校有幸邀请到刚从日本留学回国的大连医科大学附属医院医学博士、教育学硕士——于晓辉教授为教师做培训。于博士结合当时日本和国内特殊教育的形式，分别从医学和教育学两个领域对特殊教育发展进行了详细的阐述；也针对随班就读工作中的一些问题提出了建议。这次讲座在促进我校医教结合工作方面意义非凡。2009年，我校获得了大连英特尔公司的支持，在学校建立了视频会议教室，启用了远程会议视频技术。于晓辉博士更是通过这个平台，每周牺牲两次午休时间与教师和家长交流。基于于博士对特殊教育的了解和对医教结合的前瞻性认识，学校与她探讨了关于共同探索医教结合的问题，并很快达成了共识。在于博士的引导下，我们很快与大连大学附属中山医院正式建立了合作关系，我们也聘请了于晓辉博士担任我校医学顾问。学校从教师的专业化培训到教学课程、教学内容和教学手段等的改革着手，将医疗康复和教育干预有机结合，对学生进行"补偿式"教育，并把随班就读学生纳入我校医教结合工作中，让我区随班就读学生在习得文化知识的同时，身心也能得到相应的改善和发展。甘井子区教育局专门下达了《关于印发弱智儿童智力残疾的分级、测查及特教中心招生程序的规定的通知》，针对本区随班就读儿童，正式规范了"申报—筛查—鉴定诊断—教育安置"四大环节。首先，由学生所在班级的教师提出名单。名单确定后，进行医学检查、智商测定。区鉴定小组再对筛查对象的受教育情况、社会适应行为情况、智力情况等多方面进行综合分析，以保证我区随班就读招生工作的严肃性和鉴定结果的可靠性。我们制订了《随班就读对象界定与工作流程》，汇编了《家长指导手册》和《随班就读专刊》，给随班就读学校、教师和家长发放宣传单，提高他们对随班就读工作的知晓程度。

第五章 完善区域指导中心建设

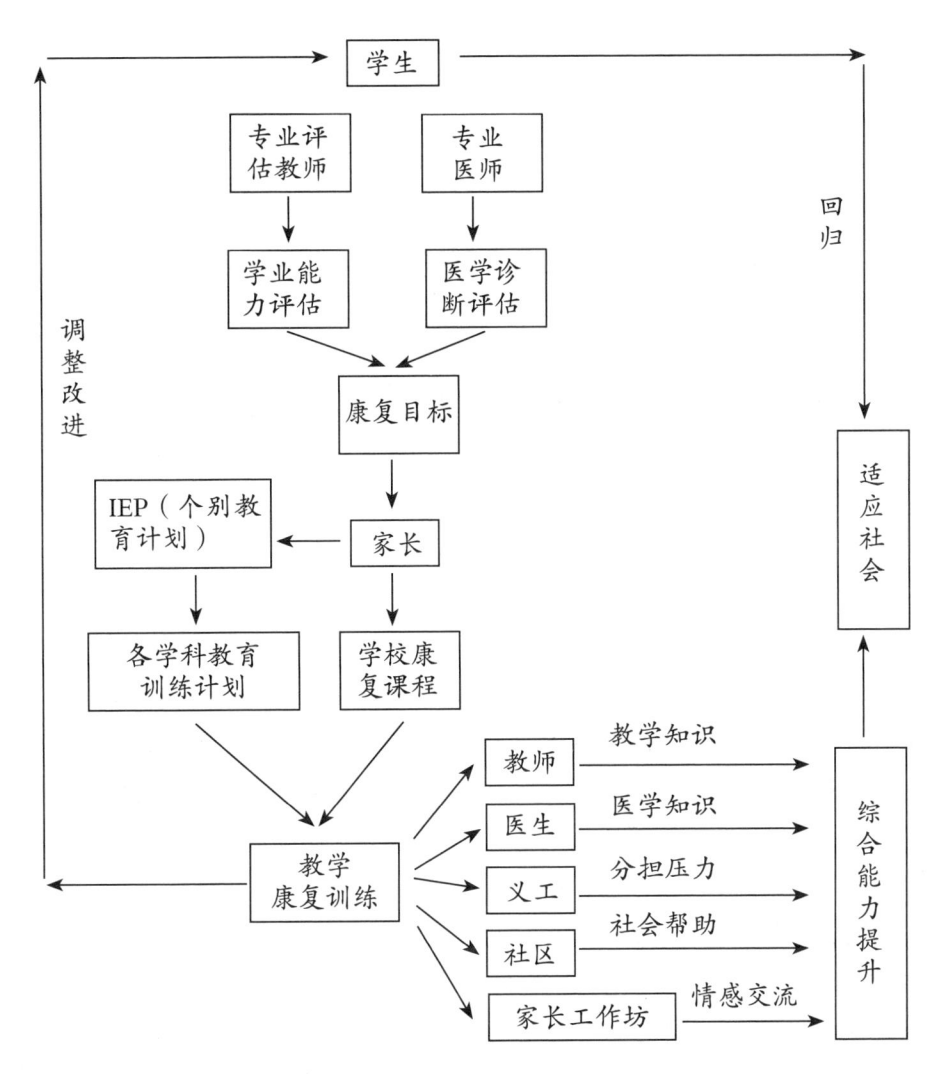

```
                    学生
                     │
          专业评        专业
          估教师        医师
            │           │
          学业能       医学诊
          力评估       断评估
               ↘     ↙
              康复目标
                │
     IEP（个别教      家长
     育计划）  ←
        │              │
     各学科教育      学校康复
     训练计划        课程
         ↘         ↙
         教学康复训练
              ├→ 教师  ──教学知识──→
              ├→ 医生  ──医学知识──→  综合
              ├→ 义工  ──分担压力──→  能力
              ├→ 社区  ──社会帮助──→  提升
              └→ 家长工作坊 ──情感交流──→

（左侧："调整改进"环回至学生；右侧："回归"→"适应社会"）
```

四、服务家长，保护儿童成长

众所周知，良好的家庭环境是学生学习生活的保障，家长只有具备正确的理念，才有可能提高随班就读工作教育康复的实效。我校根据课程资源理念、服务家长理念、感化家长理念、引动家长理念、家校互动理念，结合特殊学生心智及其家长特点，开发了适用于学校的家庭教育指导的支持式课程内容，形成了良好的家校互动，并把这种服务模式逐渐推广到了我区的随班就读家长工作中。

（一）提供多元优质的康复训练。为了给家长提供一个情感交流和倾诉的场所，让家长汲取教育康复经验，2009 年，"大连市精神残疾人及亲友会孤独症儿童家长活动中心"在甘井子区特殊教育中心正式挂牌成立。家长活动中心将"提高家教水平、提高家长整体素质"作为服务宗旨，每月面向全市学生和家长开放一次。为了更好地对学生进行康复教育，学校奥尔夫音乐教室、言语治疗室、多感官教室、蒙台梭利教室、沙疗室等二十余个专业康复训练室和脑电波治疗仪、视听统合治疗仪、启慧博士等仪器及教学软件每学期定期向随班就读学生开放。

（二）巡回指导教师送教上门。为给我区随班就读学生提供全方位资源服务，为随班就读学生家长提供更全面系统的教育康复知识，我校选派优秀教师不定期走进学生家庭，带去康复资料，手把手教授家长简单的康复训练方法；与家长畅谈，改变家长的教育观念和态度。

（三）电话咨询为家长排忧解难。学校随班就读资源中心设立了咨询电话，由经验丰富的具有普小教学经验和特教知识的教师对家长遇到的学生学业、康复、心理发展、家庭教育等多方面的问题进行解答和指导，帮助他们走出困惑、解决困难。

（四）支援残疾人家庭自助和互助。学校联合社区，积极引导有随班就读学生的残疾人家庭自助和互助，以活动促进家庭教育康复工作。在我们的帮助下，家长间彼此加深了了解，增进了情谊。很多家庭结成对子，交流、谈心、缓解心理压力；互相接送孩子上下学，让孩子一起做作业、一起学习，成为小伙伴。

（五）建立社区支援体系。我校开展了一系列社教结合的实践活动，将课堂教育与社区教育结合，课堂教学与生活实践结合，学习知识与培养技能结合，让学生们真正走进社会、体验生活、掌握本领。我们邀请随班就读学生参与到学校众多的社区活动中，增强了他们勇于实践、锻炼自己的勇气和信心。

第二节 多措并举，全面提升随班就读工作水平

近年来，在国家、省教育行政部门的正确领导下，在大连市教育局的关心支持下，甘井子区特殊教育工作认真贯彻落实《特殊教育提升计划（2014—2016年）》《第二期特殊教育提升计划（2017—2020年）》的精神，把发展特殊教育作为推动全区教育事业科学发展、和谐发展，促进教育公平的重要内容，扎实有效地推进了区域特殊教育工作。2015年1月，甘井子区被教育部办公厅确立为"国

家特殊教育改革实验区"，通过多年的实践探索，甘井子区聚焦融合教育，努力构建了适合特殊学生发展的生涯教育，为办好新时期特殊教育做出积极贡献。

一、国家特殊教育改革实验区主要工作目标

（一）建立政府牵头、目标导向、督导保障、教育局协调、跨部门合作、以资源中心为载体的支持服务体系。

（二）创新区域特殊教育服务，形成区域特殊教育支持服务框架。

（三）关注特殊学生终身发展，提供多样化的融合教育安置方式。设立了15个高标准、现代化资源教室，确立了以随班就读为主体，送教上门、医教结合为补充的融合教育新模式。

（四）推进医教结合、康教结合，走向跨学科合作。为每个特殊学生建设"一人一案"，完善"筛查—评估—建档—转介—安置—综合干预"的运行机制和服务模式。

（五）丰富课程和教学资源。创建随班就读学生资源教室补救性、功能性、社会性课程和艺术休闲课程，开展特殊学生社区融合教育项目。

（六）搭建资源教师专业化发展平台，启动集学生康复、教师培养于一体的"亮星计划"。

（七）打造区域融合教育的校长领导力，创设融合教育校长共同体。

（八）建立随班就读工作质量标准评价体系，探索融合教育质量监测标准。

（九）推动融合教育向两头延伸，增加残疾儿童少年受教育的机会。

（十）发挥科研引领的支撑作用，全面提升特殊教育的水平和影响力。

二、实验区工作回顾

（一）打造区域"领导力"，驱动融合教育发展

经过多部门专题会议讨论，我们从区域政策、行政机制、校长共同体三个方面推动实验区融合教育的发展。

1. 区域融合教育领导力之一：政策领导力

2014年至今，区政府、区教育局先后下发了《甘井子区特殊教育提升计划实施方案（2014—2016）》《甘井子区特殊教育提升计划工作推进表》《甘井子区人民政府办公室关于推进特殊教育改革实验区工作的若干意见》《甘井子区随班就读资源教室建设与管理实施办法》等文件。

2015年初，在全区教育事业工作会议上，区长对教育工作做出部署，把特殊教育发展作为重要议事内容。2015—2020年，全区投入了大量经费进行区域资源教室的建设；设置了随班就读学生专项经费、送教上门学生经费，教育局还为教师设立专项培训经费、教学科学研究经费，有效解决了融合教育发展的经费问题，为全区特殊教育发展提供了优越的条件，营造了良好的氛围。

2. 区域融合教育领导力之二：行政领导力

甘井子区确立了以"政府支持为主导、履职尽责为基石、专业引领为支撑、部门联动为保障"的工作机制，积极推进区域融合教育的全面发展。确立了由主管教育的副区长任组长，教育局、残联、人社局、民政局、卫生局分管领导担任副组长的联席会议制度。联席会议每年召开一次，研究特殊教育相关政策，组织落实推进，协调解决问题。2017年，甘井子区出台了医教结合、送教上门的相关文件。区教育局还根据年度工作安排，每年开展融合教育工作专题会议，及时听取汇报，了解工作开展情况，部署具体工作。区特殊教育中心巡回指导各基层学校开展随班就读、送教上门、医教结合的工作。同时，根据教育局要求，中小学校长、副校长、教导主任、副主任直接参与学校融合教育工作，与教师共同探讨、研究，解决实际问题。"行政＋专业"的融合教育联动服务体系，强势推进了区域融合教育的发展。

3. 区域融合教育领导力之三：校长领导力

区域融合教育整体的发展与提升，仅靠一两位校长是不够的，还需要一群优秀校长的参与，需要全社会共同努力，相互支持。只有这样，才能促进区域教育质量全面提升。2016年甘井子区教育局启动了融合教育学校校长共同体建设，确立了以区特殊教育指导中心校长为名师的工作室。工作室通过组织各校间的合作学习，激发普通学校的发展潜能，以"专业＋特色"的模式推动融合教育的发展。其基本路径是：学校诊断—制订规划—重点推进—培育特色。学校诊断是建立在学校自我诊断和专家诊断基础上的，通过问卷、访谈、听课、查看文本和评估学校环境等方式，进行系统的诊断和探讨，形成学校诊断报告。指导中心根据普通学校发展的实际需要，选择发展空间大、提升速度和幅度可能较大的指标进行重点推进。校长工作室以合作的学习型关系来为融合教育发展提供支持，激活普通学校的发展潜能。工作室从成立到壮大，在融合教育工作中发挥了良好的作用，每一位普校校长都发挥着才干与特长，形成了"众人拾柴火焰高"的局面，也为区域融合教育发展奠定了坚实的基础。

（二）整合区域"专业力"，提升融合教育质量

1. 区域融合教育专业力之一：教师专业成长

为推动区域随班就读教师队伍的建设，特教中心先后三次通过问卷及访谈的方式对辖区内负责中小学随班就读工作的教师从接纳态度、专业知识、专业技能和获取支持能力四个维度进行了调研。由于专业技能以及获取支持能力对于随班就读教师的专业化要求较高，教育局为随班就读教师开展了系统的培训，并制订了区随班就读教师业务学习手册，以求从理论和实践两个层面，为随班就读教师提供专业支持。

同时，甘井子区先后聘请了北京联合大学、华东师范大学、重庆师范大学、辽宁师范大学等高校的特殊教育学专家、学者来我区讲学，为课程做专业指导，对教师进行培训。甘井子区与高校开展的一系列深度合作为融合教育专业化搭建了"绿色通道"，专家的引领与指导为区域融合教育的发展提供了更好的条件，构建了良好的发展愿景。专家跟进推进学校自主发展的过程，也是培育区域教育"典型"的过程。目前我区周水子小学、红旗小学、魅力小学、恒远小学、龙泉小学、弘文中学、教育局幼儿园等都已成为融合教育特色学校。2020年8月，甘井子区特殊教育中心董欣校长主持申报的《融合教育背景下残疾学生同伴关系质量提升的行动研究》课题在全国教育科学"十三五"规划2020年度教育部重点课题中成功立项，通过科研的引领，将会有更多研究成果被转化与应用。

2. 区域融合教育专业力之二：学生"一人一案"

受时间、场地、人员等多种因素的限制，特教中心教师暂时无法为辖区内每一名送教上门学生、随班就读学生、特殊教育学校学生制订个别化教育计划。针对这一情况，区教育局和特殊教育中心尝试利用高新技术构建网络平台，使"线上＋线下"深度融合。通过网络实现资源共享，让更多的教学资源为学生服务，也让越来越多的普校教师加入融合教育队伍。教育局将特殊教育内容作为每年新教师上岗的必修课程，要求新教师必须了解制订特殊学生个别化教育计划，调整随班就读学生课程等内容。2017年，全区开始对从事随班就读的教师进行继续教育学分制管理。同年5月，区教育局面向中小学举办了融合教育课堂教学评优

赛，这同时也是关于学生个别化教育的研讨活动。2018年我们又为区随班就读教师的专业化发展搭建了平台，启动了集学生康复、教师培养于一体的"亮星计划"，出版了《点亮一颗星》教学叙事集。2019年实验区实验工作完成后，我们以普教和特教协同发展的方式加深对课程教材、教育教学、筛查评估、质量评价等方面的研究，形成"1+1+1"普特教师结对成长模式，即1个区级资源中心巡回指导教师和1个普通学校教师共同跟踪1个随读生个案，从教育诊断着手，针对随读生个别化教育计划制订、课程设置、教学实施、课程评量等全流程服务环节进行逐一研修，在实践中促进教师在普特教专业上的成长。一系列举措让普校教师对特殊学生因材施教、精准施教有了更深刻的理解，多数教师具备了依据特殊学生的智力程度、残疾类别、个体差异进行课程调整和设计个别化教育计划、实施"一人一案"的能力。

3. 区域融合教育专业力之三：专业化服务模式

2015年至今，区特教中心的教师、区社会工作者、医生、特教专家发挥各自优势，进行了多场次、多学科的各类筛查与评估，服务特殊学生、家长上千人次。区教育局着力关注区域融合教育专业化水平的提升，强调融合教育学校校长要以发展的眼光审视文化与课程，以国际视野看待教育的发展，取长补短，并落实在课程改革上。指导中心将随班就读学生课程开发作为研究重点，基于前期教学研究成果和经验构建了适合随班就读学生的学科补救课程、功能性课程、艺术休闲活动课程、社会性发展课程。我们始终坚持课程调整五原则：第一选择是不变，第二选择是小变，第三是同学帮助，第四是教师的额外辅导，最后才是特别设计的课程与教学活动以及在家庭里开展的特别训练活动。教师的课堂教学制订了六个评价标准：是否体现学生的主动性；是否体现学生的参与性；是否体现学生的合作性；课堂教学中是否关注学生的差异性；课堂教学中能否为学生提供个性化学习支持；课堂教学中能否为学生营造大融合氛围。精准化、个性化的多元支持，让越来越多的随班就读学生受益，多样的资源教室成为普通学生与特殊学生共用的学习支持中心。这种既为随班就读学生服务，又为所有学生服务的形式更好地让特殊学生实现"去标签化"，避免对其产生心理伤害，体现了"大特教观"，真正为每一个学生的终身发展而服务。

区特教指导中心通过对实验区工作的系统梳理,基本建立了"评估与安置、课程与教学、培训与咨询、督导与评价、宣教与协调"的服务机制,构建出"信息与资源管理、专业咨询与研究指导、测量评估与社会服务"的体系。

(三)创新区域"文化力",促进学生与社会融合

1. 区域融合教育文化力之一:社区文化

2015年5月,甘井子区特殊儿童支持计划启动,在机场街道民航社区领导和爱心人士的帮助下,甘井子区第一个特殊儿童活动室建成。活动室每周三下午向辖区特殊儿童免费开放,利用特殊教育学校、医院、社区志愿者、社会公益组织等资源优势,实现了融合理念宣传,社区康复服务,协助评估、筛查,职业衔接服务,家庭资源支持等功能。

2. 区域融合教育文化力之二:学校文化

2016年10月,甘井子区教育局成立了以中学生为主体的特殊教育义工服务站,旨在帮助有特殊需要的随班就读学生和特教学校的学生更好地融入普通学生群体。该服务站每周四下午开放,以"1+X"为主题内容,成立了"N+1"互助组,活动范围不再局限于校园内,而是扩展至校园外,活动内容涵盖了生活类、认知类、适应类、运动保健类等多个方面,以多种形式有效地促进了特殊儿童的社会性发展。

3. 区域融合教育文化力之三:班级文化

班级文化对学生的成长具有不可低估的作用。班级文化是一个班级的隐性课程,班主任的思想也直接体现在班级文化建设中。2017年,校长工作室线下活动以融合学校优秀班级文化为主题,通过环境建设、伙伴活动、岗位设置等方式让特殊学生感受来自集体的温暖、快乐学习、快乐生活,形成良好的育人氛围。

对于普通学校而言,一个对融合教育持接纳、理解、欢迎态度的校长,一批有志于投身融合教育事业的教师和专业人员,以及众多支持残疾儿童融合教育的家长和普通学生,都是推动融合教育发展的重要力量和实际参与者、执行者。

(四)提升区域"影响力",推动融合教育发展

自2015年至今,甘井子区随班就读工作经验先后在南京、上海、北京等地的全国随班就读工作会议上被交流与分享。《多措并举,全面提升甘井子区随班就读工作水平》《大连市甘井子区资源教室课程建设实践探索》《"中学生义工

服务站"有效推进区域"普特融合"教育发展》等多篇文章刊登在《辽宁教育》《现代特殊教育》杂志上，《区域随班就读课程改革及支持服务体系建构的实践研究》荣获"大连市基础教育教学成果奖"。省市领导多次来甘井子区考察指导融合教育工作，充分肯定了实验区取得的成绩。在辽宁省召开的第二期特殊教育提升计划推进会上，甘井子区的"以人为本，聚焦内涵，积极推进区域融合教育纵深发展"特殊教育经验在全省被介绍和分享，得到与会领导、同仁的充分肯定。2019年，特殊教育中心、周水子小学、蓝山幼儿园先后接待了来自厦门、贵州、广州的教育同仁前来交流、学习，并代表辽宁省迎接了教育部基础教育司关于国家二期特殊教育提升计划的专项调研，获得专家组的高度赞誉，彰显了区域融合教育的成果。

第三节 反思提升，实验区工作的总结与凝思

从国际视角来看，实验区工作的范围日益广泛、职责也愈发多元，在实验中心的指导下，融合教育也得到了更好的发展。在"十四五"即将到来之际，我校教师积极反思了"十三五"期间实验区的工作，总结凝思，为下一阶段实验区工作的顺利开展奠定良好的基础。下面以案例的形式作具体展示。

案例一：
"中学生义工服务站"如何有力助推融合教育发展

《特殊教育提升计划（2014—2016年）》明确提出要探索建立特殊教育学校与普通学校定期举行交流活动的制度，促进融合教育工作。但随着融合教育的发展，在融合教育的教学活动中出现了很多困扰教师的问题：能够进入普通学校以随班就读形式参与融合教育的特殊儿童，仅限于能力相对较好的一小部分特殊儿童，多数特殊儿童因为能力的限制不能参与到融合教育活动中；部分正常儿童对特殊儿童不理解甚至歧视；融合教育多以课堂教学的形式呈现，形式较为单一；融合活动缺少严格的管理机制和科学的活动策略；普通学校以教育教学活动为主，单独开展融合活动的时间较少……为了更好地推进融合教育工作，大连市甘井子区多年来持续探索融合教育的有效活动途径、方法和措施。区特教中心所建立的

"中学生义工服务站"模式,通过"1+X融合伙伴组合""1+Y融合活动设置""1+1>2融合宣传途径"等策略,丰富了融合教育的活动方式,拓宽了融合教育的渠道,最终实现了融合伙伴与特教学生在多方面的共同成长和融合教育质量的提高。

一、以科学理论为导向,以数据论证为依据

有效开展教育活动离不开科学的理论基础及实践数据的论证支持。"中学生义工服务站"以两种经过多次数据论证且适用于甘井子区教育情况的科学理论作为理论基础。

（一）CAPT模式（跨年龄同伴辅导模式）

CAPT是指将年长学生与年幼学生进行配对,一般由年龄较大的学生充当辅导者角色,年龄较小的学生充当被辅导者角色。这种模式中,年龄较大的学生更为可靠、更有经验。

（二）反向融合

反向融合策略旨在创设一种不同寻常的融合教育环境,即安排少量正常学生进入以残障学生为主的班级学习。在实施反向融合策略的环境中,班级的主体是残障学生,由此决定了教室的物质环境、师生总体的思想观点、情感态度和行为方式都可能具有不同于普通学校班级的特点。正常学生进入这样的班级进行学习就必然要主动学习和适应这样的班级氛围和文化,因此反向融合策略强调正常学生对残障学生的主动融合和适应,由此加快残障学生融入主流社会的速度。

这两种科学理论相结合有利于促进普通学生与特殊学生在多方面协同成长、共同进步。

二、构建组织保障体系,落实政策支持文件

甘井子区教育局组织甘井子区特教中心、多个普通中学及相关行政力量,构建组织保障体系;设立由各校负责融合教育工作的相关领导组成的"中学生义工服务站工作指导组",负责协调沟通活动相关事宜（如特殊儿童心理建设、特殊儿童情绪状态评估、义工选拔、义工培训、义工活动时间协调、活动内容设计等）;与特教中心负责人交流讨论,结合特教中心实际和中学生特点,起草《甘井子区特教义工服务站实施方案》《甘井子区义工服务站实施制度》,作为区红头文件下发到各个普通中小学,引起全区重视,为融合教育义工服务站模式的顺利运行提供了制度保障。

三、"双选""双培"把关义工，能力互补分配组别（1+X 融合伙伴组合）

（一）义工筛选培训

1. 两次筛选

首先，利用甘井子区教育局的宣传平台（微信公众号、官方网站），面向全区普通中学发布志愿者招募公告，在中学生群体中招募义工，在各中学建立义工库，以便为后期活动的开展提供人员保障。针对特殊儿童义工服务活动，在各校义工库内进行人员选拔。提前发出通知，在志愿者库内部进行活动的志愿者招募，并为有意向参加活动的志愿者安排面试，由义工服务站工作指导组选拔出有爱心、有责任感、热心公益事业、不怕困难、有奉献精神的优秀中学生作为义工候选人。

在初次筛选建立义工库后，每次活动开展前，义工服务站工作指导组还会根据义工活动内容的需要，从义工候选人中再次筛选，如：在生活类义工活动"烘焙小能手"中所选择的义工，需要具有一定的烘焙技能，以便更好地在义工活动中指导特殊儿童，最大限度发挥义工的作用。

2. 两次培训

每次融合活动开展前，需要对义工进行相应的学习培训，以支持义工顺利进行义工服务活动。前期自主学习包括：义工自主通过网络、书籍等方式搜集特殊儿童相关资料，对特殊儿童的特征、与特殊儿童相处的方式等进行自主学习。在对特殊儿童有一定了解的基础上，后期则由特殊教育中心的教师为义工提供详细讲解及实际操作方面的培训，内容包括：特殊儿童可能会出现的行为问题、情绪问题及处理方法等。

在一次融合活动中，一名平时性格稍微有些急躁的中学生义工有了前期自主学习的基础，了解了特殊儿童可能不仅是单一视觉、听觉、智力方面受到损害，可能同时存在情绪障碍、社交障碍，表达语速可能缓慢、口齿不清、词不达意，所以他在参与融合活动时，能更为认真、耐心地倾听特殊儿童的语言表达。很多中学生义工通过特教教师的专业培训，对特殊儿童有了更深的认识：面对面部特征非常相似的唐氏综合征儿童不会感到奇怪，面对孤独症儿童出现喊叫情况时也不会慌张，而是在一旁观察后再处理。

（二）分配组合融合伙伴

义工服务站工作指导组要进行科学合理的人员安排和教育，确保义工的数量和服务的质量。分配时需注意以下两点：

1. 班级情况不同，分配数量有异

对于特教学校中的多数班级而言，义工数量约等于特殊儿童数量，在融合活动中能够保证每个特殊儿童都有一个义工融合伙伴即可。但若班级中多数特殊儿童能力较好，则不能采取此种分配方法。Mills, Cole, Jenkins and Dale 的研究表明，高功能残障儿童在仅包括 21％正常儿童的反向融合课堂中获益最多。所以对于能力较好的特殊儿童比例较高的班级，安排班级总体人数五分之一的普通中学生作为融合伙伴为宜，如，一个整体能力水平较高的特殊班级中有18人，则安排4人左右的中学生义工为宜。

2. 学生能力不同，组合"角色"互补

融合伙伴组合中的每个人不单一扮演指导者或者被指导者角色，而是"角色可互换"——适时利用特殊儿童在某些方面的能力优势，来帮助在该方面落后的正常儿童取得发展，这有利于特殊学生感受到自身价值，从而获得自信。如，在认知类义工活动"沙画之美"中，中学生义工王某与孤独症儿童周某是一对融合伙伴组合，王某擅长色彩的选择搭配，所以在制作沙画初期主要由他指导辅助周某选择沙色及漏沙位置，周某是一名孤独症儿童，擅长对美工作品的细节修整完善，在后期则由周某扮演指导者角色，指导王某对沙画边缘细节进行修整。

四、前期多重评估准备，多元主题丰富形式（1+Y 融合活动设置）

（一）活动前期多重评估准备

活动计划需要特殊教育教师、普校教师、心理学工作者等共同制订。活动计划建立在符合学生发展需要的基础上，特教教师根据对特殊儿童班级整体的评估结果，确定班级特殊儿童现阶的段能力程度和社会发展目标，并在每次活动开展前，对特殊儿童进行活动前期的心理建设，让他们了解即将开展的活动内容，不因周围环境、人物或时间等因素的变化而产生不良情绪。以上一系列评估由中学生义工服务站指导组进行协调并监督执行，以保证训练的完整性和系统性，同时，进行阶段性的评估并总结活动开展的效果，在此基础上积累经验，为制订后续的活动计划打好基础，以保证活动模式的连续性和渐进性。

（二）丰富多元的主题活动形式

研究结果表明，同伴辅导策略在提升残疾学生社交能力、联合注意力等方面均取得了良好的效果。传统的学生义工服务多以物质帮助、情感关怀为主，形式较为单一，且以特殊儿童为活动主体，对义工心理的成长及技能的提高等没有给予足够关注。甘井子区义工服务站中的义工不仅是中学生，同时也是以同伴身份进行的活动义工。实践表明，在制订义工服务活动计划时，应设置包含生活类、认知类、运动保健类、社交类等多方面的活动主题。长时间单一的活动形式较为枯燥，会使儿童失去参与活动的兴趣。根据特殊儿童的认知和性格特点，设计每种活动类型时都有Y种活动形式，即以"1+Y"的形式进行融合活动设置。如，生活类主题活动包括面点制作、购买物品、美化环境、招待客人等，认知类主题活动包括软陶活动、沙画、绘本故事等。活动范围不局限于校园内，也可扩大至校园外，既让融合伙伴走进特教校园，也让融合伙伴带着特殊儿童走进普通校园和公共场所。

五、真情实感口耳相传，星火燎原的宣传效果（1+1>2融合宣传途径）

普通的宣传方式大都注重对事件本身的描述，忽视对亲历事件的人的感受。义工服务站的融合伙伴都有社会与家庭双重角色：学校中的学生，家庭中的成员。每次活动结束后，融合伙伴将真实感受写下来，利用普通学校晨会、班会等时间进行宣传，同时，还会以家庭作业的形式，将感受传递给家人。融合伙伴对其同学、朋友及家庭成员一对一、一对多的口耳相传，达到星火燎原的宣传效果，促使大众更深入地了解特殊儿童群体，从而逐渐引起普通学校教师、家长以及其他社会群体对特殊儿童的关注。

通过这种口耳相传的宣传途径，不论是普通中学的师生家长还是其他社会群体，都对融合教育的理念和实践有了一定的了解，从而推动融合教育的专业化发展。教师们认识到接纳特殊儿童进入普通学校是社会发展的需要，很多教师在参与"中学生义工服务站"的活动后，有意识地参加融合教育培训，不断提高作为融合教育参与者的思想认识。在家长方面，在对普通中学家长进行相关的问卷调查中发现，有义工参与融合活动的班级的家长，接受特殊儿童进入自己孩子所在班级学习的比例要远超其他班级的家长。

六、总结经验完善模式，激励评价提高动机

任何模式都不是一成不变的，学生的类型和数量、场地的限制、人员的变化等因素都有可能对义工服务融合活动的效果造成影响，所以在每次义工服务活动后，中学生义工服务站工作指导组都会对活动进行总结，不断完善、调整义工服务站的工作流程，以提高该模式的应用实效性。

中学生义工服务站模式工作流程

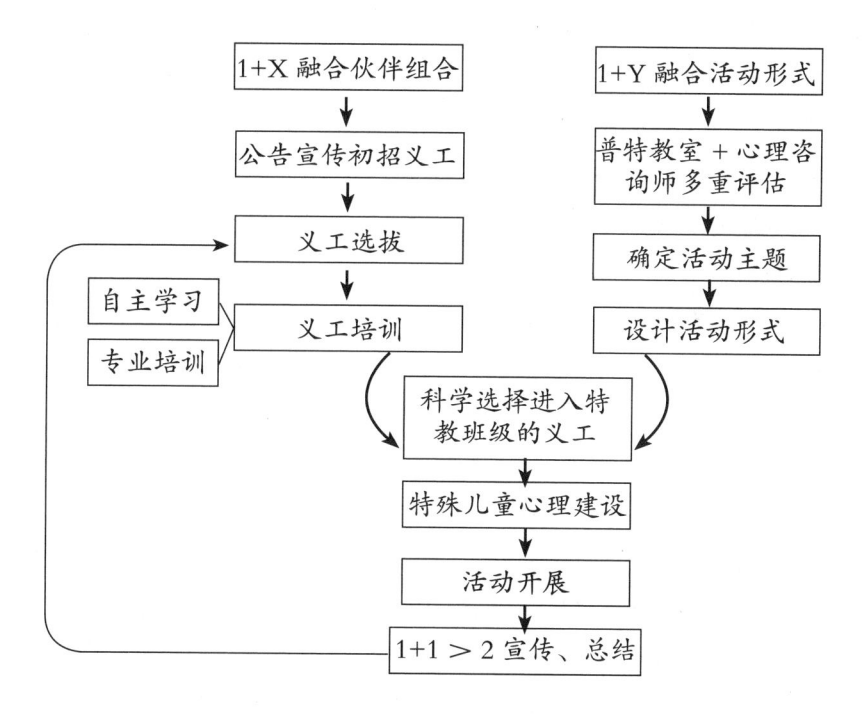

```
1+X 融合伙伴组合              1+Y 融合活动形式
       ↓                           ↓
公告宣传初招义工            普特教室＋心理咨
       ↓                     询师多重评估
    义工选拔                       ↓
       ↓                     确定活动主题
自主学习                           ↓
         → 义工培训            设计活动形式
专业培训                           ↓
              ↓  ↘         ↙
              科学选择进入特
                教班级的义工
                    ↓
              特殊儿童心理建设
                    ↓
                 活动开展
                    ↓
              1+1＞2 宣传、总结
```

开展义工服务活动期间，对义工进行适当奖励也是极其必要的。它可以维持或提高义工服务的动机水平，提高义工的自信。甘井子区以义工所在学校为单位，建立激励与评价机制，对参与义工服务的中学生进行相应的奖励与评价，定期开展义工服务交流活动，不断增强中学生的服务意识和奉献精神。

如何更好地应用义工服务站这一模式，满足更多特殊儿童与普通学生的发展需求，发挥普通教师、特教教师、家长在不同教育领域的优势，仍需要我们不断探索、实践。

案例二：
区域随班就读教师专业成长与管理研究

一、研究背景

（一）国外关于随班就读教师专业能力的研究

国外很多国家——尤其是一些发达国家在随班就读工作上做了大量研究，在教师专业化培养方面取得了诸多成果，为我们深入探讨和发展特殊教育提供了有益的参考和借鉴。

1. 美国主要通过短期非学历培训、校本培训等多种形式对教师进行培训。美国特殊儿童委员会每年都会在全国举行两次有针对性的培训，目的在于提升教师的专业知识技能以满足特殊学生不断变化的需求。同时，为了保证特殊教育师资的专业发展，还要求教师每年要参加至少25小时的专业领域的学习和培训，及时更新专业知识。

2. 瑞士特殊教育教师培育的重心主要集中在两大方面：职业性的培训和关键能力方面的培养。前者主要指与特殊学生家长的合作、与社会的合作以及个体满足导向方面的质量意识、促进意识、咨询意识等；后者包括与有不同需求或异常的人打交道的能力、团队合作的能力及参与学校发展的能力。瑞士在培育特殊教育师资的过程中，十分注重培养特殊教育教师的学习能力和学会学习的能力，强调新型的学习文化、新的学习形式等。

3. 新加坡开办"特别学习需要课程"。其目的是在普通学校能有一组对学习障碍学生比较了解的教师，他们能运用一系列教学策略，提高学习障碍学生的学习能力，同时也为其他教师提供咨询指导，使更多的教师能够了解特殊学生的学习需要与适宜的学习方式。该课程实施分层培训，满足在职教师与新教师的不同需要。新教师要接受12小时的基本的"特别需要训练课程"，在职教师则需要修读108小时的"特别学习需要课程"。

从以上三个国家的一些举措中得到的启示有三点：一是教师的专业知识技能的发展是一个终身学习的过程，并非只靠一两次的培训；二是专业培训需要注重组织形式的多样化，培训内容要能满足教师解决实际问题的需要；三是专业培训需要分层次进行，满足不同层次教师的需求，培训要具有针对性。

（二）国内关于随班就读教师专业化的研究

随着我国特殊教育事业的不断发展，随班就读工作也有了长足发展，取得了明显成效。国内特殊教育专家、学者就随班就读工作开展了一系列广泛而深入的研究，提出了各自的看法和宝贵的意见和建议。

陈云英在其编著的《随班就读的课堂教学》中提出，教师需要掌握的知识技能是更新教育思想、掌握协作的能力、掌握特殊教育的基本原则和方法。华国栋在其主编的《随班就读教学》中提出随班就读教师应具有对随班就读学生测查评估与教育安置的能力，制订随班就读教学计划的能力，照顾差异课堂教学的能力，进行有针对性的教育训练的能力，获得教学所需帮助与支持的能力。华国栋在其主编的《特殊需要儿童的心理与教育》一书中进一步阐述教师需要具有照顾差异的课堂教学能力，同时还提出教师应具有创造平等参与的学习环境的能力，对特殊需要儿童的评估能力，与特殊需要儿童进行沟通的能力；还提出教师应具有行为改变技术、沟通方法与技巧，应具有创设良好的师生合作关系的能力等方面的要求。华国栋主编的《残疾儿童随班就读师资培训用书》一书中，把了解残疾的概念和分类、残疾儿童的心理特点、残疾对儿童学习的影响等内容作为随班就读教师应有的基本知识；把对残疾儿童的学习评价、根据残疾儿童特点进行课堂教学、开发残疾儿童的潜能、争取对残疾儿童帮助与支持作为随班就读教师应有的基本技能；把行动研究与教学反思作为教师的基本能力。此外，《关于开展残疾儿童少年随班就读工作的试行办法》中也规定：随班就读班级的任课教师，应当遴选热爱残疾学生、思想好、业务水平高的教师担任。他们应当具备特殊教育的基础知识和基本技能，了解随班就读班级教育教学的基本原则和方法。上海市教育委员会发布的《关于加强随班就读工作管理若干意见》明确规定随班就读教师的工作职责是开展随班就读学生的教育教学工作、开展教育教学研究、开展对随班就读学生发展过程的评价、开展家庭教育指导工作等。

著作和法律法规条文中对随班就读教师的能力要求虽然具体，但显得比较零散，尚未形成体系。综上所述，本研究将从专业理念、专业知识以及专业能力三个方面来促进随班就读教师的专业化成长，完善评价机制和管理制度。

二、选题价值

党和国家一直高度重视特殊教育的发展，特别是党的十八大以来，特殊教育事业受到特别关注和重视。如何确保残疾适龄儿童充分地享有平等受教育的权利？怎样保障残疾儿童享受高质量的教育？在政治、经济快速发展的今天，结合我国国情，大力发展随班就读工作，努力打造高素质的专业师资队伍既是社会的需要，也是时代的要求。

（一）专业化成长与管理是随班就读教师职业发展的必然趋势

调查显示，教师们对随班就读持理性认识，对残疾学生的接纳度较高，愿意接受特殊教育相关培训。但是总体上教师对残疾学生的学习特点和需求了解较少，缺乏特殊教育相关培训，更倾向于接纳肢残、智残和学障的学生，而对脑瘫、自闭症以及情绪行为障碍的学生接纳程度较低。关于随班就读师资培养、培训的相关研究均没有涉及对随班就读教师专业能力构成的探讨，而是主要集中在对全纳教育、随班就读的认可与对特殊学生的接纳等方面。随着随班就读工作的逐步深入，不难发现教师的专业化水平是直接影响随班就读学生发展的重要因素，也是随班就读教师职业发展的必然趋势。

（二）教师专业化成长与管理是随班就读发展的内在要求

根据《中华人民共和国残疾人教育条例》和《国务院办公厅关于转发教育部等部门〈特殊教育提升计划（2014—2016年）〉的通知》等相关文件和会议精神，特殊教育随班就读工作要落实和深入推进，要进一步完善残障儿童少年随班就读工作的保障机制。作为普及九年义务教育和巩固提高普及九年义务教育成果与水平的一项重要任务，教师专业化成长与管理是随班就读工作发展的内在要求。

（三）教师专业化成长与管理是全纳教育发展的外在呼唤

我国自1994年开始正式实施的随班就读政策可以看作是全纳教育的初期实践形式。经过二十多年的发展，随班就读质量普遍不高，暴露出很多问题，"随班就读"往往变成"随班混读""随班就座"。研究发现，普通中小学师资特殊、教育专业水平低是直接导致随班就读质量差的重要原因。一份针对城乡普小教师全纳态度的比较研究显示，在实施随班就读教学的教师中，只有4%的农村教师接受过短暂的、较为系统的专业训练，71%没有接受过任何形式的特殊教育训练，15%仅接受过少于一个星期的训练；67%的城市教师没有接受过任何形式的特殊教育培训。专业培训的缺乏造成普通学校的教师对全纳教育的态度也处于矛盾的状态。一方面，教师表示理解并支持全纳教育的理念，而另一方面，无论在态度还是在行为上，他们又很难真正接受自己的班级存在有特殊教育需要的学生。

从上述分析不难看出，在区域性随班就读实验区的大背景下，提高教师的专业化水平已经刻不容缓，该课题的研究不仅具有一定的理论价值，而且具有深远的现实意义。

第五章 完善区域指导中心建设

三、研究依据

随班就读是融合教育理念指导下我国特殊教育的主体形式。1986年，国务院转发的《关于实施〈义务教育法〉若干问题的意见》最早提出了我国特殊教育的三种办学形式，提出特殊教育的办学形式要灵活多样，除特设特殊教育学校外，还可在普通小学或初中附设特殊教学班，应该把那些虽有残疾但不妨碍正常学习的儿童吸收到普通中小学上学。这也是我国随班就读工作的雏形。1987年，原国家教委在《关于印发〈全日制弱智学校（班）教学计划〉（征求意见稿）的通知》中提到，在普及初等教育的过程中，大多数轻度弱智儿童已经进入当地普通小学随班就读。这种形式有利于弱智儿童与正常儿童的交往，是在那些尚未建立弱智学校（班）的地区特别是农村地区解决轻度弱智儿童入学问题的可行办法。这是首次在国家文件中出现"随班就读"一词。1994年，国家教委在江苏召开了全国残疾儿童随班就读工作会议，并于同年7月印发了《关于开展残疾儿童少年随班就读工作的试行办法》，规定了实施随班就读工作的总则、对象、入学、教学要求及家长工作等。2010年，我国出台的第一个中长期发展规划纲要《国家中长期教育改革和发展规划纲要（2010—2020年）》提到要完善特殊教育体系，各级各类学校要积极创造条件接收残疾人入学，不断扩大随班就读和普通学校特教班规模。2017年，教育部等七部门印发的《第二期特殊教育提升计划（2017—2020年）》提出优先采用普通学校随班就读的方式，就近安排适龄残疾儿童少年接受义务教育。以区县为单位统筹规划，重点选择部分普通学校建立资源教室，配备专门从事残疾人教育的教师，指定其招收残疾学生。其他招收残疾学生5人以上的普通学校也要逐步建立特殊教育资源教室。依托乡镇中心学校，加强对农村随班就读工作的指导。有条件的儿童福利机构继续办好特教班或特殊教育学校。经过数十年的发展，我国随班就读工作取得了一定的成效，但是，我们不能停滞不前，而是应积极寻求随班就读工作的进一步优化发展，以推动我国特殊教育事业的稳步前进。

百年大计，教育为本；教育大计，教师为本。有效推进随班就读，具备保障性条件是关键。其中，随班就读教师素质水平的高低是决定和影响我国随班就读推进工作成败的关键因素。欲发展随班就读工作，需要建立一支数量充足、专业水平高的随班就读教师队伍。"随班就读教师专业化"是指随班就读教师具有自己独特的职业要求和职业条件，有专门的培养制度和管理制度。我国学者普遍认为，随班就读教师专业化的标准应该明确。要使随班就读教师达到专业成熟必须做到：第一，国家必须重视随班就读工作，加强对随班就读工作的改革和管理，加强高等师范院校的特殊教育专业师资和科研力量，使随班就读有更加完善的专业教育体系；第二，国家有专门的随班就读教师资格认证制度，要成为随班就读教师必须通过严格的考试并达到国家规定的学历标准，能系统地反思自身的实践，并从经验中学到知识；第三，随班就读教师的专业化发展还应该是一个连续的、终身学习的过程，要注重职前培养和职后提高的一体化；第四，随班就读教师应该享有专业决策权、教学自主权等；第五，随班就读教师必须有基于教育理想与信念的专业道德和品质。随班就读教师的专业化进程是一个奋斗的过程，也是一个终身学习、不断更新的过程。欲推动随班就读教师的专业化发展，最重要的就是充分分析我国随班就读工作的现状与随班就读教师的需求，并基于此寻求优化发展的路径，以确保适切性与科学性。

随班就读是我国大力推进的特殊儿童安置形式，未来将有越来越多的特殊儿童进入到普通班级就读，这被动地使得一些原本不太懂得特殊教育知识技能的普校教师成为随班就读教师，加入特殊教育教师的行列，但多元化的教学和管理对象往往会使他们不知所措。在实际的教育工作当中，缺乏特殊教育专业知识和技能、家长及社会因偏见对特殊儿童不接纳、考核机制不合理、工作量加大等因素会显著影响普校教师作为随班就读教师的自我效能感。有学者对随班就读教师的自我效能感进行了研究调查，其结果表明随班就读教师对开展随班就读工作具有一定水平的自我效能感，但未能达到较高的水平。改变必然会带来阵痛和困惑，解决教师当前的工作困扰，就是最直接的支持途径。政府所出台的一系列政策文本也多从宏观上关注普通教育教师或特殊教育教师，对随班就读教师队伍建设的重视程度不够。随着我国最新体现融合教育理念的幼儿园和中小学教师专业标准的出台，教师是否具有开展随班就读工作的能力成为衡量教师专业能力的指标之一。2014年颁布的《特殊教育提升计划（2014—2016年）》提出"对在普通学校承担残疾学生随班就读教学和管理工作的教师，在绩效考核中给予倾斜""推动地方确定随班就读教师、送教上门指导教师和康复训练人员等的岗位条件""教师职务（职称）评聘向特殊教育教师倾斜，将儿童福利机构特教班教师职务（职称）评聘工作纳入当地教师职务（职称）评聘规划"。可以预见，随班就读教师队伍建设会成为未来一个时期特殊教育发展的重要内容。

本研究试图对大连市甘井子区中小学负责随班就读工作的教师队伍现状进行问卷调查，我们从接纳态度、专业知识、专业技能和获取支持能力四个方面进行了调研，以期为促进随班就读教师专业发展，推动大连市随班就读教师队伍建设提供参考。

四、研究过程

（一）数据调研

1. 本次调研以大连市甘井子区72名随班就读教师为有效调查对象，其中男教师14名，女教师58名。被调查对象均为各随班就读实验学校承担随班就读任务的骨干教师，调查研究结果能够反映目前大连市甘井子区随班就读教师的专业发展水平及需求状况。

2. 研究工具

本研究采用自编的随班就读教师专业发展现状及需求问卷，对72名随班就读教师进行调查。问卷包含接纳态度（1~6题）、专业知识（7~18题）、专业技能（19~29题）和获取支持能力（30~34题）四个方面的内容。

3. 研究方法

根据研究需要，通过文献检索和专家访谈，借鉴相关研究成果，编制了随班就读教师专业发展现状及需求问卷，通过现场发放并回收的方式，向来自全区的72名随班就读教师发放问卷，实际回收有效问卷72份，回收率100%，并对部分教师进行了深入访谈。

4. 数据分析结果

（1）随班就读教师的基本情况

表1 随班就读教师基本情况表（N=72）

项目		人数（N）	百分比（%）
性别	男	14	19.4
	女	58	80.6

（续表）

	30岁以下	1	1.4
年龄	31~40	40	55.5
	41~50	30	41.7
	50岁以上	1	1.4
学历	专科	4	5.6
	本科	68	94.4
任教学科	语数	41	56.9
	其他	31	43.1
是否班主任	是	42	58.3
	否	30	41.7
教龄	5年以下	2	2.8
	5~10年	10	13.9
	10年以上	60	83.3
随班就读工作年限	3年及以下	64	88.9
	3~5年	5	6.9
	5年以上	3	4.2

从表1中可知，随班就读教师的男女比例大约为1:4，男教师人数明显少于女教师；从年龄情况上，本次调查对象的年龄集中在31~40岁，占55.5%，41~50岁、30岁以下和50岁以上分别占41.7%、1.4%和1.4%，可见中年教师占绝大多数；教师的学历基本为本科学历，可见大部分随班就读教师具备较好的专业发展基础；任教语数学科的教师超过半数以上；50%以上的教师担任班主任工作；教龄在10年以上的占83.3%，5~10年和5年以下者相对较少，分别为13.9%和2.8%。随班就读工作年限大部分集中在3年及以下，3~5年和5年以上的教师很少。

（2）随班就读教师的专业化发展现状

表2 随班就读教师接纳态度情况表（N=72）

题目	接纳人数	非常接纳比率（%）	比较接纳比率（%）	前两位合计总比率（%）
1.能接纳特殊儿童入校、入班	48	27.8	38.9	66.7
2.认为随班就读促进儿童身心发展	44	27.8	33.3	61.1

（续表）

3.认为随班就读有助于培养人格	47	30.6	34.7	65.3
4.认为每个儿童具有不同的特性、能力、需求	43	27.8	31.9	59.7
5.认为每个儿童拥有独特的优势能力	45	34.7	27.8	62.5
6.能接受、应对随班就读工作困难	49	27.8	40.3	68.1

由表2可知，72名随班就读教师对随班就读学生持接纳态度的整体比率在60%~68%，可见三分之二的老师对随班就读学生持接纳态度，而第二位比率（比较接纳）高于第一位比率（非常接纳）。

在接纳态度方面，三分之二的老师能够接纳特殊儿童入校、入班，认为特殊儿童拥有独特之处，并能接受、应对随班就读工作的困难。

表3 随班就读教师专业知识具备情况表（N=72）

题目	具备人数	非常具备比率（%）	比较具备比率（%）	前两位合计总比率（%）
7.接受过专业系统培训	36	20.8	29.2	50.0
8.理解随班就读概念	37	23.6	27.8	51.4
9.了解相关政策法规	35	19.4	29.2	48.6
10.了解特殊儿童分类	35	22.2	26.4	48.6
11.了解学生致残原因	36	18.1	31.9	50.0
12.了解学生生理、心理特征	36	19.4	30.6	50.0
13.了解学生学习及行为特点	34	16.7	30.6	47.3
14.了解学生的特殊需要	33	19.4	26.4	45.8
15.建议适合的教育安置方式	38	25.0	27.8	52.8
16.懂得特殊学生的教学教法	35	23.6	25.0	48.6
17.掌握心理测量知识	38	15.3	37.5	52.8
18.了解一定的康复医学知识	36	20.8	29.2	50.0

由表3可知，具备专业知识的随班就读教师所占整体比率大约在45%~53%，将近一半的教师具备随班就读工作相关的专业知识，第二位比率（比较具备）高于第一位比率（非常具备）。

专业知识方面，将近一半的教师具备随班就读工作相关的专业知识，具体包括随班就读概念、政策法规、特殊儿童分类、致残原因、特殊儿童特征及行为特点、特殊需要、教育安置方式、教学教法、心理测量知识、康复医学知识等。

表4 随班就读教师专业技能具备情况表（N=72）

题目	具备人数	非常具备比率（%）	比较具备比率（%）	前两位合计总比率（%）
19.了解评估工具及使用方法	23	11.1	20.8	31.9
20.知道个别化教育计划内容	20	12.5	15.3	27.8
21.知道个别化教育计划步骤	25	15.3	19.4	34.7
22.了解资源教室使用方法	23	11.1	20.8	31.9
23.能够安排教育训练课程	20	13.9	13.9	27.8
24.能够适当调节教学内容，保证随班就读学生参与课堂	19	11.1	15.3	26.4
25.引导学生积极、主动学习	21	12.5	16.7	29.2
26.能对学生能力进行多元、客观评估	25	8.3	26.4	34.7
27.能对学生制订个别化教育计划	23	11.1	20.8	31.9
28.能为学生实施个别化教育计划	23	11.1	20.8	31.9
29.能处理学生的课堂问题行为	25	11.1	23.6	34.7

由表4可知，具备专业技能的随班就读教师所占整体比率大约在26%~35%，大约三成的教师具备随班就读工作相关的专业技能，第二位比率（比较具备）高于第一位比率（非常具备）。

专业技能方面，大约三成的教师具备随班就读工作相关的专业技能，具体包括：使用评估工具、制订并实施个别化教育计划、使用资源教室、安排教育训练课程、处理学生课堂问题行为、保证随班就读学生参与课堂等。

表5 随班就读教师获取支持能力具备情况表（N=72）

题目	具备人数	非常具备比率（%）	比较具备比率（%）	前两位合计总比率（%）
30.通过组织活动营造共同成长的教育环境	18	8.3	16.7	25.0
31.与随班就读学生保持密切的师生合作关系	15	6.9	13.9	20.8
32.能与家长合作一起对学生进行教育	17	6.9	16.7	23.6
33.积极争取家长理解、接纳特殊儿童	18	8.3	16.7	25.0
34.主动与专业人员沟通、交流	20	11.1	16.7	27.8

由表5可知，具备获取支持能力的随班就读教师所占整体比率大约在20%~27%，第二位比率（比较具备）高于第一位比率（非常具备）。

在获取支持能力方面，两成左右的教师具备获取支持能力，包括组织活动、营造教育环境，能与随班就读学生、家长以及专业人员交流合作等。

由表2、3、4、5可以看出，对比调查问卷四个维度的整体比率区间，随班就读教师对随班就读学生的接纳态度最高，专业知识和专业技能稍差，获取支持的能力最弱。

调查结果反映出当前随班就读教师的现状及需求，在四个维度中，随班就读教师的接纳态度最高，接纳态度调查的是随班就读教师的主观感情。师者，德为重，在接纳随班就读学生入学方面，大部分教师在感情上是可以接受的。专业知识次之，主要得益于在一系列的专业培训中，教师可以获取这些基本的专业知识。专业技能低于专业知识，主要原因是专业技能的掌握难度要大于专业知识的具备，这不仅需要教师参加专业培训，更需要在实际的教学环境中操作和锻炼。相较于专业态度、专业知识和专业技能，随班就读教师获取支持的能力最差。随班就教师缺乏获取支持能力的原因在于，普通学生才是普通学校的主体。普通学生人数上的优势及由此产生的教育需求必将占据教师更多的时间和精力，进而限制了随班就读教师对支持的主动获取。近些年来，尽管反对片面追求升学率，倡导素质教育的呼声很高，但很多学校仍然过分强调竞争、考试、升学率。在该教育体制下，随班就读教师对残疾学生的全面发展的关注程度及获取支持的主动性自然降低了。

（3）随班就读教师的专业化发展需求

从对随班就读教师的访谈中得知，大部分教师迫切希望自身的专业能力有所提升，掌握针对随班就读学生的教学策略、特殊教育与融合教育的基本理论及行为矫正知识、心理辅导的基本知识等，希望通过短训班和远程培训等途径得到提升，接受特殊教育专业培训的愿望很强烈。除此之外，超过半数的随班就读教师身兼班主任职务，在访谈中纷纷提到关于如何平衡班主任工作和随班就读工作，这在实际工作中是一个大问题，需要学校和上级部门给予帮助，建立资源教室、配备专门的资源教师。

5.研究分析结论

（1）随班就读教师对随班就读学生的接纳态度较高，约三分之二的教师对随班就读学生持接纳态度。

（2）随班就读教师的特殊教育专业素养明显不足，对特殊教育专业知识和专业技能的总体掌握程度较低。

（3）随班就读教师获取支持的能力较差，缺乏与随班就读学生、家长以及专业人员的交流合作。

（4）随班就读教师中男教师数量远远少于女教师，缺乏高学历的特殊教育专业人才，缺乏专业的资源教师。

（二）行动研究

1.合理规划，完善随班就读教师的准入机制

随班就读教师的专业化要求较高，完善随班就读教师的准入机制是我们开展本区域随班就读工作的首要环节。在完善随班就读教师准入机制时，我们始终坚持"宁缺毋滥"的原则，并按照特殊教育工作岗位的特殊要求，通过学历限定及专业考试等途径，精选符合要求的随班就读教师作为本区域随班就读教师的后备

力量。通过骨干教师、青年教师的专题培训与线下的实际观察学习，这些作为后备力量的教师能够更好地胜任随班就读工作，让本区域内随班就读工作更具有针对性。完善随班就读教师的准入机制，严格选择适合的随班就读工作人才，基于特殊学生和融合学校的实际需求，挑选专业的教师从事随班就读工作，让有专业性、有资质的随班就读教师真正发挥才能，共同致力于本区域随班就读工作的开展。

2. 明确标准，指导随班就读教师的专业发展

随班就读工作内容十分繁杂，明确随班就读教师的专业标准是我们开展本区域随班就读工作的重要环节。随班就读教师专业标准的缺乏直接影响随班就读教师的培养、培训和管理等。在明确随班就读教师专业标准时，我们清楚地意识到随班就读教师所从事的特教事业，在教育内容、学校管理模式、班级建设、教育的性质等方面与普通中小学不同，因此，随班就读教师的专业标准也不能与普通中小学教师的专业标准完全相同。经过多轮的研究与论证，我们认为特殊教育以培养适应社会的人作为出发点，构建突出康复和知识并行的发展框架，在专业理念与师德、专业知识与专业能力等方面具有自身的特殊性。我们始终关注随班就读教师的主观感受，并主张要让本区域随班就读教师找到自身的根，提升其专业幸福感，从教师的专业标准出发，将专业性真正地纳入教师管理队伍中，真正体现了随班就读教师的"特殊性"。

3. 落实文件，提升随班就读教师的专业能力

以国家政策为主导，落实文件部署并提升随班就读教师的专业能力是我们开展区域随班就读工作的核心。甘井子区持续推进《第二期特殊教育提升计划（2017—2020年）》，坚持落实好随班就读教师队伍建设的目标和要求，实行分类、分层次的专业能力提升计划。首先，细分培训项目。开展主题式培训，基于本区域随班就读教师真实的培训需求，按照不同教师类别分门别类地展开培训。其次，构建基于个体需求的培训体系。多元的培训类型仅仅为随班就读教师提供了专业能力提升的机会，但如何将其转化为随班就读教师个体的知识和能力，必须根植其自身的发展需求，构建以问题解决为中心的培训体系，通过专家、名师引领，提升教师自身的素养。最后，有层次、有梯度地提升教师队伍的整体水平。我们坚信，随班就读教师专业水平的提高从来都不是外在培训的结果，而要凭借培训促进特教教师自身内在水平的提升。

4. 加强合作，推动随班就读教师的全面提升

随班就读工作服务的主体具有多元性，加强随班就读教师与多元服务主体的合作是我们开展区域随班就读工作的主要环节。在加强随班就读教师多元合作的过程中，我们始终秉持"利用优势资源，实现资源互补"的理念。在教育一线的长期探索中，随班就读教师积累了一定的班级管理、教育教学、康复训练经验，但零散的经验和思想没有他人的引领和交流的平台，只能在小范围内传播与共享，失去了其应有的价值。为此，我们在本区域内构建了协同教育合作机制，以突出资源共享、彰显人才的特点，达到提升随班就读教师队伍整体水平的目的。具体途径为：一方面，建立协同合作中心，发挥优质学校的示范辐射作用；建立互助式的教育帮扶活动等，以此打破学校内部交流合作的局限，扩大交流的范围，协同合作，共同成长。另一方面，加强与大学的深度合作。充分利用区域内大学的资源优势，以专业引领、人才培养、课题协作等内容建立深度项目合作，引进科学、先进的特教思想，帮助随班就读教师在教育创新、康复训练、技能学习等方面获得理论支撑，践行科学的康复和教育手段，全面提升教师自身的专业水平。同时，聚焦各学校的优秀教师，遴选一批优秀教师，建立名师工作室，以名师引领全省教师的专业发展。通过集中跟岗学习与分散自修和反思的形式，本区域随班就读教师在"听、看、问、议、思、写"中进入真实的学习情境和获得真切的感悟，全面提升自身的专业水平。

五、反思与建议

教师对于专业知识和专业技能的掌握还有很大的发展空间，从访谈中得知大部分教师针对随班就读教师特殊教育专业素养不足的问题，有强烈的接受特殊教育专业培训的愿望，建议教育部门针对随班就读教师加大专业课程培训的力度，对随班就读教师的培训需求进行了解，调整培训内容，满足教师的实际需要，着重加强培训教师的实践能力，以便教师更好地运用理论知识。一方面，增加校内培训、市级培训、省级培训以及国培的次数，各个学校不能仅开展内部培训，还要走出去，向本地区、本省乃至全国的随班就读工作开展较好的学校或者地区学习，加强交流与合作，丰富随班就读教师处理各类特殊儿童的经验。另一方面，加强随班就读教师的职前培养，可以通过增加特殊教育学等教育专业的随班就读课程来解决。

针对随班就读教师获取支持能力差的这一问题，建议将提升随班就读教师的获取支持能力作为随班就读教师在职培训的必修内容；建立特教学校、巡回指导教师、家长、社区、教育管理部门等完整的一系列支持保障体系，满足教师的实际需要，全面提升随班就读教师的专业素养，进而提升随班就读工作的质量。

建议扩大随班就读教师队伍中男教师的比重；争取招收高学历专业人员、有过特殊教育经历或相关专业的人员作为随班就读教师，提高随班就读教育的质量。

合理分配学校内部担任随班就读教师的比重，增加班主任担任随班就读教师的人数，增设专门的资源教师，对于教师分配要做到既不增加教师负担又能保证随班就读教师对自己负责的学生有充分的了解。

案例三：

大连市甘井子区资源教室课程建设实践探索

在普通学校设立的资源教室是实施融合教育的重要支撑及平台。资源教室有效运作的关键是建立一套完整的资源教室课程体系，以满足随班就读学生的多样化需要。甘井子区从随班就读学生特点和普校实际情况出发，构建了适切的资源教室课程体系，提升了国家随班就读实验区融合教育的水平和质量。

建设资源教室是促进融合教育发展与质量提升的重要途径。大连市甘井子区随班就读实验区从资源教材、课程理念、课程内容、课程实施等方面推进资源教室课程建设，提升资源教室课程的质量。

一、资源教室课程建设原则及框架

在区特殊教育指导中心的指导下，全区资源教室课程建设围绕以下基本原则开展。

（一）以学生为中心，充分挖掘区域教育资源

资源教室课程内容不应该局限于资源教室内，也不能仅仅依靠资源教师来实施。应针对特殊学生的身心特点和特殊需求，充分利用普通学校、家庭、社区等支持资源，对教学内容进行深度和广度的扩展。

（二）兼顾学科基础类课程与区域特色类课程

资源教室设立的根本目的在于帮助随班就读学生更好地融入普通教室，而不是让资源教室成为特殊学生游离于普通教育之外的场所。因此，资源教室课程的核心首先应该是学科基础类课程，应帮助学生跟上普通教室的进度，增加学生的

课堂参与度。另外，资源教室课程还应充分利用区域的特殊教育特色课程，将特殊教育的内容注入资源教室内，促进课程资源的有效利用与共享。

（三）重视学生的认知、情绪与社会性发展

资源教室的课程应充分考虑到随班就读学生的特殊需要，除了学科补救课程之外，课程安排还应注重低年龄阶段随班就读学生认知能力上的发展，同时注重随班就读学生情绪与社会性的发展，促使其全面发展，从而使其更好地适应普通教育。

二、资源教室课程内容

根据以上三个资源教室课程建设的原则，我们将资源教室课程分为学科补救性课程、功能性课程、社会性课程、艺术休闲课程。

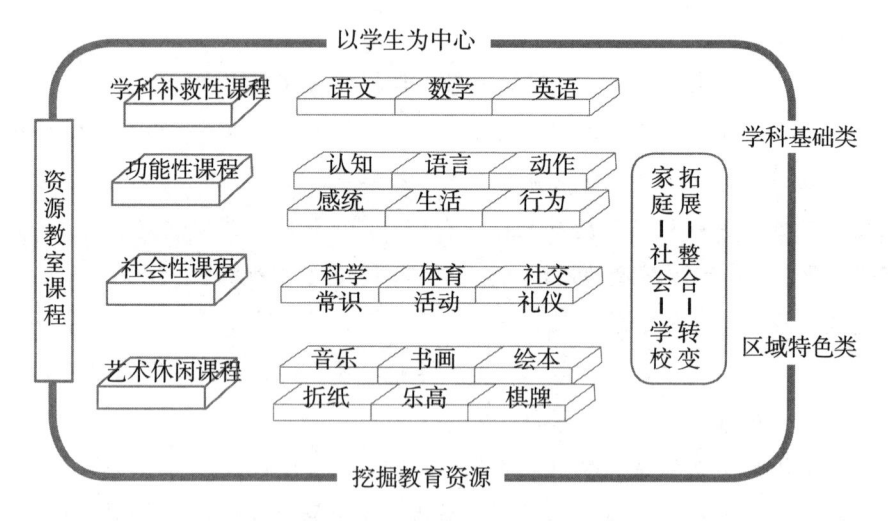

图1 课程框架

（一）学科补救性课程

普通学校课程主要以学科课程为主。学科课程强调按知识的内在性质及其组织结构向学生传递知识和技能，具有科学性、系统性。随班就读学生的主要课程内容也应遵循国家对义务教育学校课程标准的基本要求，将语文、数学、英语等基础学科作为随班就读学生的"必修课"保留下来，成为资源教室课程的核心。同时，根据区域随班就读学生的特点和实际能力，对教学目标进行相应调整，对课程内容做相应的"减量、简化、替代、重整"，对教育教学要求进行转化。

补救性课程内容不宜多而复杂，教师每次应突出一个训练重点或难点，如，语文教学中，纠正和预防错别字。多数随班就读学生有注意力缺陷，生字经常添加或丢失笔画，混淆音形相近的字。学生会分不清"于、干、王、玉""休息、体息""辨、辫"等，这就需要教师用替代或重整的方式，设计一些特别练习（如图2）；简化、降低要求，笔画较多的易错字让学生描写，而不是听写（如图3）。目标的达成不寄希望于一次成功，由浅入深，便于学生接受，每次辅导时间也不应过长，以 10~20 分钟为宜。要允许学生用多元的方式表达自己的理解，如放大字体、写大字等，满足学生的个别化需求。此外，还要定期评量学生的学习效果，与学科教学做好衔接，形成反馈。

图2　易错字练习卡　　　　图3　描字卡

（二）功能性课程

功能性课程是指在普通课程的基础上采取附加的方法来补充课程内容。功能性课程强调根据学生兴趣、特殊需要和能力组织课程内容。课程关注的不是学科，而是学生，课程内容组织以学生为中心，而且要根据学生的需求不断调整变化，以补偿缺陷和开发潜能为原则，具有一定的弹性。实际操作中，课程内容设计要具有兼容性、发展性。

例如，许多随班就读学生由于情绪、行为或人际交往等方面存在问题，需要学习一些沟通交往的技能，才能更好地投入普通班级的学习活动中。资源教师就可以从学生的行为管理、想法解读、情感表达、同伴关系、社会规则等方面设计教学内容，而不是一味强调学科知识的学习。与此同时，各资源教室也可以因地制宜，将现代康复技术引入课程，根据学生的需求增加一些诸如言语与语言训练、认知训练、感觉统合、沙盘等内容，并将部分课程开发成教学课件、软件（如图4），利用现代多媒体技术呈现，增添学习的趣味性，激发广大随班就读学生的学习热情。

图4 合作开发的资源教室课程软件——认知训练系列

（三）社会性课程

社会性课程以随班就读学生的社会适应与发展性能力为目标导向，以建立良好人际关系和融入普通班级为基础，旨在增加随班就读学生的生活经验，提升其社会适应性。2016年10月，甘井子区教育局成立了以中学生为主体的特殊教育义工服务站。该服务站每周四下午在区指导中心开放，以"1+X"为主题内容，成立"N+1"互助组，内容涵盖了生活常识类、社会适应类、运动保健类等多种形式，有效地促进了区域随班就读学生的社会性发展。此外，区指导中心和普通学校还利用社区教育资源，将各行业的专业人士、志愿者以及学生家长请进学校，开展讲座、心理辅导、康复训练、沙画、手工制作等活动。通过志愿者支持教学的方式，将社区资源"移"进学校。

（四）艺术休闲课程

艺术休闲课程注重休闲、体验，旨在通过多种艺术活动帮助学生理解发生的事件并表达他们自身的感受，关注并培养学生的认知能力，使其具有良好的学习态度和生活方式。普通学校中随班就读学生大多存在注意力不集中、缺乏主动性表达、情绪不稳定等问题，表达性艺术还有助于学生探究自己的情绪。如，绘画能让儿童集中注意力，通过作品展现自己的内心世界；画画时通过控制蜡笔、彩笔、铅笔可以锻炼儿童的精细动作发展和操作能力，有助于培养学生的自我表达能力和解决问题的能力。音乐可以放松身心，节拍、节奏可以锻炼儿童的协调能力。

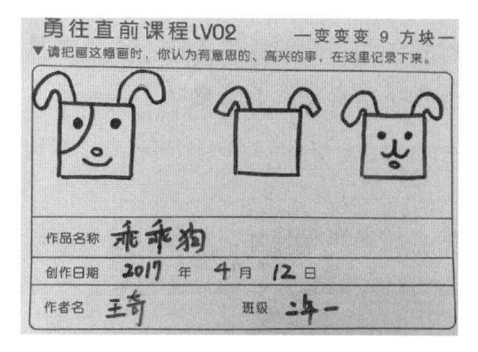

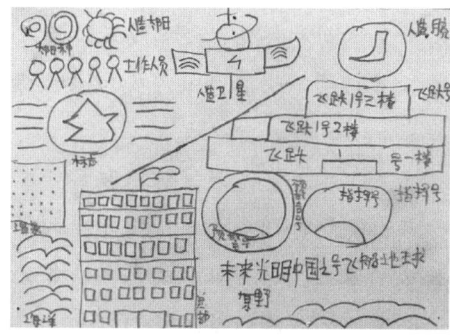

图 5 学生课堂作业　　　　　　图 6 学生作品

图 5 是绘画课程中学生通过观察多种图形的点、线、面的变化进行的模仿及自主创作的作品。图 6 是学生将点、线、面综合运用，最后完成的一幅自己喜爱的作品。在此过程中学生向教师进行口头阐述，从而提高了语言表达能力，并能自然地表达情感。学生没有必要学会或学完全部的课程，教师可根据学生的需求设计课程，但无论怎么变动，都要注意不"教授"艺术，而是要培养学生的专注性、主动性、表达性、自主性。

艺术休闲课程注重教学内容的综合性、活动性、选择性、开放性，各学校资源教室可根据师资状况和教学条件因地制宜地选择教学内容。教师在课程进行中要关注学生的个人感受与创作过程，而不是作品的好坏，以此培养学生的自信和学习能力。

三、资源教室课程实施步骤

（一）评估学生的个别化需要

通过标准化评估、访谈、问卷、观察等多种途径，全面了解学生的基本认知能力、学科学习能力、社会性能力、情绪行为能力和个别化需要，并将此作为资源教室课程选择的依据。

（二）选择资源教室的课程内容

每学期开学前两周，由班主任、学校管理人员、资源教师与家长确定个别化教育计划。在个别化计划中要根据前期评估结果，在四类课程中选择适合的资源教室课程进行组合。要具体设计所需的课程与课时数及相关服务，并确定提供服务的人员与地点。有些康复训练项目需要向资源中心获取更多的支持，包括医生、教育专家诊断和评估，还需要获取满足教学辅导和训练的特殊场所，落实使用的设备、资料等。此外，教师要与家长协商安排学生在资源教室中接受服务的内容与重点。

（三）拟定资源教室的课程目标

在个别化计划中，要围绕学生的核心需求拟定课程目标，以作为评量课程实施效果的依据。课程目标的制定，务必要指出学习的对象、学习的内容、行为的标准、教学的方法以及评量的方式。

（四）课程效果的评估与反馈

在学期末对课程效果进行评估时，要包括两个方面内容：一是正式的量化评估，即根据之前拟定的课程目标来判断课程的实施效果；二是非正式的质化评估，即在个别化计划实施总结会上，由普通教师、家长、特殊教师及学生本人对资源教室课程做出评价，提出改进建议。

经过三年多的实验区资源教室课程建设，我们认识到，融合教育的实质性工作就是针对学生的需求，采取有效的策略，让每一个特殊学生都能融入普通班，都能有所进步与收获。

为推动实验区工作更上一层楼，我校2020年积极申报了教育部重点课题《融合教育背景下提升残障儿童同伴关系质量的行动研究》并成功立项，未来学校也将以此为契机，深入拓宽特殊教育指导中心的职能，向更高层次、更专业化的方向迈进。

第六章 搭建医教结合康复模式

　　医教结合是医学与教育学两个学科的结合，是一种双向的互动，需要通过深度改革和学科磨合来增进彼此间的配合。特殊教育与医学紧密相连，具有综合性，医教结合理念的提出丰富了特殊教育的问题领域，顺应了特殊教育的循证实践取向。因此，医教结合不仅是一种促进特殊教育发展的模式和方法，更是当代特殊教育发展的先进理念和必须遵循的原则。

　　特殊教育领域中的医教结合不是生物医学观与特殊教育观的简单组合，而是循证社会医学观与大教育观的有效结合。其中，"医"有两层含义，一方面指利用先进的临床医疗技术对严重危害学生身心健康的各种疾病实施专项检查、诊断、治疗；另一方面指利用康复医学的手段消除或减轻特殊学生的功能障碍，弥补和重建其功能缺失并设法改善和提高其各方面的功能。"教"的含义则是教师根据特殊学生的身心发展特点，通过医疗与教育相结合等综合性方法开展的补偿与补救性教育。总的来说，医教结合就是将现代医疗手段与方法进行统合与整合，对特殊学生进行教育康复、多种干预、缺陷补偿与潜能开发，用以解决特殊学生在运动、感知、言语、语言、心理及社会认知等方面的问题，提高其相关的功能或机能，从而提高其生活与学习质量。

　　在我国，医教结合最早是在20世纪90年代于邳州开展的小儿麻痹症项目中提出的，由医生和教师组成的医教团队对患儿展开治疗与教育，并取得了良好的效果。在后续的发展中，医教结合的理念与实践也得到了日益的丰富与发展。2009年11月，教育部发布了《关于在特殊教育学校建立"医教结合"实验基地的通知》，标志着由教育行政部门组织、各方面专家集聚和众多基层学校参与的医教结合实验正式启动。2011年4月，教育部首次对全国18所特殊教育学校"医教结合"实验基地授牌，从硬件设施、教师发展、课程与学校理念等多方面进行改革，以便于医教结合的实施。2014年1月，教育部颁发的《特殊教育提升计划（2014—2016年）》明确提出初步建立医教结合的特殊教育体系，开展医教结合实验，探索教育与康复相结合的特殊教育模式。2017年1月，《国务院关于印发国家教育事业发展"十三五"规划的通知》提出"注重残疾学生潜能开发和缺陷补偿"的医教结合新思路。经过数十年的开拓创新，我国医教结合的康复模式经历了从认识层面的提及到重视，从形式层面的借鉴到创新，以及从内容层面的模糊到清晰的演变，这对丰富我国特殊教育的内涵与外延起到了推动作用。

大连市甘井子区特殊教育中心医教结合的探索起始于2007年，经过十余年的发展，学校积极借鉴国外优秀实践经验并融入地方性元素，充分整合各级各类优秀医疗资源，对学生缺陷的补偿与潜能的开发意义重大。本章分为两节，第一节为落实保障，从落实法律法规保障、落实基本公共服务与落实社会支援三方面入手，具体分析了我校对医教结合支持保障体系运行的理解与思考。第二节为组建团队，首先着重介绍了我校医教结合团队的组成与医教结合理念下课程的设置与实施，而后以个案的形式分享了医教结合背景下我校学生个别化教育计划的制订与康复教育的实施。

第一节 落实保障，充分实现医教结合行而有序

新一轮培智学校课程标准改革要求培智学校要从特殊学生的特殊需要出发，充分认识特殊儿童的特殊需要，积极创造条件满足他们的需要并尽可能发挥他们的潜能。医教结合理念充分顺应了课程改革的要求，采用医疗与教育跨学科合作的方式，根据每名学生的身心发展规律与实际需求，开展有针对性的康复训练与教育教学，使学生得到全面的发展。

近几年，培智学校学生的障碍类型与障碍程度趋于多样化与严重化，随着我国融合教育的蓬勃发展，医教结合康复模式的价值也日益得到彰显。在障碍类型中，自闭症——目前全球范围内发病率攀升最快、损害最严重的一种儿童期神经发育障碍，已成为影响儿童健康的重大公共卫生问题。据我校与大连大学附属中山医院联合开展的大连市自闭症儿童普查结果显示，截至2016年，大连市自闭症的发病率约为1.12%，0~14岁患儿约为6845人，他们中的多数都要就学于特殊学校，因而特殊学校一定要充分发挥医教结合"1+1>2"的作用，实现医教结合效果的最大化。为保障自闭症儿童医教结合康复模式的顺畅执行，培智学校在践行之初应建立起宏观的保障落实意识。

一、落实法律法规保障

（一）将自闭症儿童的医教结合纳入地方立法体系

落实法律法规对于践行自闭症儿童的医教结合康复模式意义重大，是保护自闭症儿童医教结合权益的可靠途径。目前，我国关于残疾人的法律法规虽然有《中华人民共和国残疾人保障法》《中华人民共和国残疾人教育条例》《残疾人就业条例》等，但体系比较单一，尤其涉及自闭症的法律法规还不完善，因此，将自闭症的支援纳入地方立法体系，与社会各界合作，加强条件准备、宣传倡导、信息整合，推动相关法律法规的建立与健全，对地方践行自闭症儿童医教结合康复模式大有裨益。

"自闭症儿童医教结合"法规的制定应围绕国家政策及相关法律法规的主线，补充有关自闭症诊断、教育、康复和参与社会生活等方面的内容，制定出台相应的地方保障性法律法规，明确自闭症儿童在两个体系建设中所应享有的权利、受益规定，以及明确与自闭症儿童救助相关的各个部门、单位和个人的职责和义务，对经费投入、人员编制、课程内容、教育管理等一系列问题做出详细的规定，为自闭症儿童的医教结合提供法律保障。同时，相关法律法规的完善有利于残联组织将自闭症儿童的教育训练明确纳入工作范围，能够着手制定具体的政策和开展实际工作，如，开展全市性的自闭症儿童情况调查，协助宣传普及自闭症的相关知识，组织相关专业人士的培训等，切实保障自闭症儿童的根本利益。

（二）科学划分自闭症儿童残疾证的类别

目前，由于历史原因和现实情况的约束，自闭症在我国被统一归类为"精神残疾"，但事实上，自闭症与精神分裂症等类型的精神障碍在发病机制、症状特点、康复诉求等方面有着明显的差异，既不属于智力障碍也不属于精神障碍。

现行的鉴定类别使很多家长心存顾虑，不敢、不愿意为自闭症儿童申领残疾证。高功能自闭症和阿斯伯格综合征儿童更是因为程度较轻而无法申领到残疾证，他们虽然在智力上不存在问题，但并不意味着他们不需要康复训练。残疾证作为各种救助申请的必要限定条件，让多数自闭症儿童无法享受到政府的救助。此外，现行的鉴定和划分标准，也使绝大部分在普校就读的高功能自闭症和阿斯伯格综合征儿童无法享受到救助政策，甚至一些原本已经被纳入普通教育体系中的自闭症儿童由于学校、幼儿园无法享受助学奖励政策，而被重新拒之门外。

为了更科学有效地解决自闭症儿童及其家庭面临的问题，增强政策制定的针对性，对于法律上残疾的认定，不再单独依靠政府颁发的"残疾人证"，而是主要依托医师诊断书——凡是确诊存在功能障碍的人就可以认定为法律适用对象；对于难以取得医师诊断书的疑难病症，则可以采纳具有相关残疾专业知识人员的意见书作为认定依据。在自闭症儿童申请残疾证时，建议将自闭症单独列为发育障碍，发放发育障碍的残疾证书，或通过括号注明的形式将其区别于其他类型的精神障碍患者，对于已经申领的自闭症儿童残疾证进行逐步更换，在残疾人数相关统计中单独统计和发布自闭症群体的相关数据，用制度支持来改善现状。

目前在残疾等级的鉴定中，绝大部分自闭症儿童被诊断为精神残疾三级，但大多数自闭症儿童在其成年后难以独自生存和生活，又因现有等级划分限定无法达到托养政策所规定的残疾级别而无法享受到救助政策。建议制订针对自闭症人士的残疾等级标准，对成年后无法独立生活、没有就业能力的自闭症人士提高其残疾等级；在制定相关康复托养政策时，根据自闭症人士的实际情况制订差别化的等级门槛标准。医学鉴定单位不得以年龄偏低等原因限制监护人为自闭症儿童申请残疾证，限制其享受相关政策，耽误其康复发展。

二、落实政府基本公共服务保障

（一）明确相关政府部门职能，协调完善自闭症儿童医教结合体系

目前，多数地区的自闭症儿童医教结合的康复模式还处在起步阶段，服务质量有待完善和提高，仅靠民办机构单方面的力量远远不够，政府在这一过程中需要发挥宏观调控的作用，担当自闭症儿童医教结合康复模式运行的主体及主导者，充分发挥在残疾人事业发展方面的统筹、协调作用，督促各级政府部门把自闭症儿童早期干预摆在发展战略地位，纳入教育发展规划中，通过制定相关政策、文件，从科学发展观的高度，有计划、有步骤、全面、协调地推进自闭症儿童医教结合康复模式的发展。同时，政府应形成分工合作的多部门管理协调机制，由残联牵头，协调卫生、教育、妇联、计生、民政、财政、规划、人事等多个部门在其职能部分发挥其所应承担的相关责任和义务，召开联席会议，各部门各司其职、协调一致地解决相关问题。通过立法、立项，从政策、资金、资源及技术等方面保障自闭症儿童的医疗、教育与康复，为自闭症儿童的公益和福利事业提供资源，鼓励、扶持、发展自闭症儿童康复服务事业和社会服务事业。

此外，政府有关部门有必要对目前的自闭症服务部门、机构较为混乱的情况进行整顿，应根据相关法律法规设立执行监督的职能部门，如设置残疾人政策委员会等。同时遵循官督民办的原则，由政府牵头发起，由服务于自闭症教育的相关机构、学校、基金会等派出代表，组建"自闭症儿童教育联合会"（以下简称联合会），政府负担联合会的基本管理成本，赋予联合会一定的管理和指导自闭症教育的职能，负责制订自闭症医教结合康复模式的相关战略，推进自闭症教育的师资培训，制定扶持政策，尽快出台相关从业人员的考核评定标准和认证制度，推进行业自律和规范管理。由政府签发相关文件，明确残联或教育部门是自闭症儿童医教结合工作的主管部门，负责贯彻、落实国家的方针、政策，拟定本市有关规章和自闭症儿童医教结合工作的规划并组织实施，承担包括自闭症儿童学前教育在内的托幼园所、康复训练机构的业务领导和管理、培养和培训教师等工作，规范、管理、监督自闭症儿童康复训练机构和其他各种社会服务机构，定期对其进行考核和评估。

（二）在公共科研系统中构建自闭症儿童医教结合保障体系

我国自闭症服务能力和水平与发达国家整体差距巨大，而大连市又与国内一线城市的差距巨大，除缺乏完善的政策法规外，对自闭症的科学研究也相对匮乏，在病因机制、诊断评估、康复技术、教育方法、就业支持、社会安置等方面都缺乏本土化的研究成果，极不利于我市自闭症支援事业的整体发展。

我们应始终遵循研究先行、培养先行、试点先行的原则，加强科学研究，促进多学科、跨专业合作，对有关自闭症的课题给予政策倾斜，纳入市级科研重点支持项目，加强实践应用研究，围绕家长需求确定主要研究课题。如，专业化康复教育技术、专业人才成长、预防控制、社区融合、大龄安置、喘息服务、入户支持等。跟进国外先进成果，加强重点领域研究，在有条件的机构、学校进行试点研究工作，整合优势资源，积累成功经验，通过示范、推广，带动自闭症儿童医教结合工作的良性发展。

（三）在公共卫生系统中构建自闭症儿童医教结合保障体系

1.建立"自闭症医疗支援中心"

自闭症需要终身支援，医疗支援若能贯穿始终将起到极其重要的作用。目前，我市医疗机构的相关专业医生人数少，专业力量薄弱，尚无一个能够为自闭症患者提供完善服务的医疗机构。因此，政府需要整合资源，建立符合我市实际情况的"自闭症医疗支援中心"，承担自闭症的诊断、定期评估、医疗康复、心理干预、家庭指导、科学研究、医学鉴定、培养人才等多方面的工作，引领我市自闭症支援事业的发展，为开展医教结合工作奠定基础。

2. 将自闭症的早期筛查和早期诊断纳入我市公共卫生项目

据美国自闭症协会估计，每位自闭症患者一生中各项干预至少花费350~500万美元，但如果个体早期获得正确诊断以及及时干预，那么总花费将可以减少三分之二，而低龄自闭症患者能否获得早期干预支持，取决于是否能够获得早期诊断。早期筛查是早期诊断和早期干预的基础，是有效减少残疾人群和降低残疾程度的基础性保障。绝大部分自闭症在3岁以内是可以筛查出来的，因此建议将自闭症的筛查列入常规保健卫生项目，延长妇幼保健工作的链条，将目前的孕产期围产保健从产后42天扩展到3周岁，内容从身体状况的筛查扩展到精神和心理发育迟滞的监督。当前亟须构建适合我市实际情况的早期筛查和早期诊断体系，卫生、残联、教育、民政等多部门协同开展全市性普查工作，彻底摸清自闭症人群的数量、分布、家庭状况等，做好准确的数据统计，并建档立册，健全自闭症儿童报告制度。此外，还应以社区医疗机构为基础，将自闭症筛查纳入婴幼儿保健常规检查；借助幼儿园入园、小学体检，进一步对自闭症儿童进行筛查，以明确有医教结合康复需求的自闭症儿童及其具体状况。

3. 加快医学专业人才队伍建设

专业的医学人才队伍是自闭症儿童医疗康复的核心，医生、训练师的专业技术水平和职业素养直接影响自闭症人士的康复效果。我市医务人员对自闭症的认识和研究相比国内整体水平还较为落后，从事自闭症治疗和康复的专业人才匮乏，技术水平参差不齐，在筛查和诊断阶段容易出现"误诊"和"漏诊"，使得自闭症人士在康复训练阶段的康复效果较差。因此，政府应重视人才建设，出台相应的鼓励政策和措施，以各种形式吸引优秀人才参与到自闭症领域的诊疗和研究中；应重视康复训练师的专业化培养，开展职业素养教育，提高相关人员的知识水平；更应重视人才结构的配置，全面提高对从业人员的教育程度和专业背景的要求，实行职业资格认证和考核制度，规范从业人员的从业标准，为自闭症儿童的医教结合加强人才储备。

4. 引入社会资本，促进自闭症医疗的发展

如果一个自闭症儿童没能接受康复训练，除了会给家庭成员的心理带来创伤外，也会产生巨大的社会经济负担。完全依赖政府的力量解决儿童自闭症的问题并不现实。在新医改持续推动社会力量办医的背景下，自闭症治疗、康复领域尚处于空白状态。2016年1月，我市将0~14岁城镇自闭症儿童进行康复、诊断评估及相关药物治疗等发生的医疗费用纳入城镇居民医保统筹基金支付，但这仍然难以解决根本问题——应着力将社会资本引入自闭症医疗领域，通过商业保险的形式，采用分红型的"重疾+医疗"险、终身返还型理财险等补充基本医疗保险与实际诊疗费用的巨大差额，为自闭症家庭提供依靠和保障，减轻养育自闭症患儿的沉重负担，为自闭症儿童医教结合提供充足的医疗资金保障。

（四）在公共教育系统中构建自闭症儿童医教结合保障体系

1. 加大政策力度，加强对自闭症儿童医教结合的管理和监督

目前，很多自闭症儿童只有诊断书而没有办理残疾证，多数学校的自闭症儿童并没有真正享受到针对自闭症学生的助学政策，但部分自闭症康复机构却享受了这一政策，还有部分教育机构获得奖励后，监督力度不够，导致奖励未用到实处。由此，相关部门应监督保证资金到位，调整助学奖励限定条件，明确奖助对象范围，教育部门等针对奖励资金，对各单位实施有效的监督，使奖励资金真正有效地投入到与自闭症教育相关的项目中。

教育行政部门可以在政策上给予已接受自闭症儿童的学校教师进一步的支持，如增加编制、在评奖评职中给予倾斜等，以鼓励教师的工作积极性；自闭症儿童的成绩可以不计入学校考核、教师考核中，以减轻教师的压力，从而减少自闭症儿童的入学就学障碍；对从事自闭症教育的教师予以经济补助，保障其收入不低于社会平均工资水平，吸引人才从事与自闭症儿童相关的工作。此外，政府相关部门应制定政策，保证相关机构的人员编制，配备足够的专职巡回辅导人员，制订巡回辅导人员应具备的从业资格标准，以保证自闭症儿童得到科学的教育指导。

2. 建立自闭症特殊教育资源中心

建立市级自闭症特殊教育资源中心，依托对自闭症有研究实力的高校、研究所、医院等，在它们的支持下，承担研究、倡导、试验、交流、培训和示范的职责，一方面对康复机构提供专业支持，对接服务康复机构的自闭症儿童；另一方面为普通幼儿园、学校和特教学校提供专业支持，实施融合教育与巡回指导，在普通班级中对自闭症儿童进行个性化特殊支援，帮助普通教师解决工作过程中出现的各种问题。同时，该中心作为师资培训和实践的基地，与社会和政府相关部门对接，倡导、推动相关立法和开展相关科学研究。

家长在明确孩子患有自闭症或发育迟缓后，可与该中心建立联系，由该中心对自闭症患儿进行一系列的观察评估和追踪，并与其他特殊教育机构联合制订有针对性的早期干预计划。同时承担 0~3 岁自闭症儿童的上门指导服务工作，定期到自闭症儿童的家中指导家长学习教育、训练的方法。应特别重视对自闭症儿童的家长进行教育和培训，让他们具备自闭症早期干预的相关知识，掌握教育、训练自闭症儿童的方法，这会对自闭症儿童的医教结合工作起到带动作用。

3. 多种形式，满足自闭症儿童的医教结合需求

可以通过以下途径开展多种形式的教育，满足自闭症儿童的教育需求：

（1）通过家庭教育对 0~3 岁的自闭症儿童实施早期干预，包括：①专业人员入户提供咨询，指导家长对自闭症儿童进行教育和康复训练；②家长到专设点咨询，参加短期学习或在教师指导下带领孩子共同活动；③家长参与家长协会、家长课堂，学习并交流抚养、教育自闭症儿童的方法。

（2）通过普通幼儿园、普通幼儿园特殊班、特殊学校的学前班等安置形式对 3~6 岁自闭症儿童进行学前教育。在经过严格的测试和入学建议后，一部分康复效果较好的儿童进入普通幼儿园，一部分儿童在有特殊帮助的前提下进入普通幼儿园，一部分儿童进入特殊幼儿园（班）。

（3）设立普通学校特教班。根据自闭症学生的教育需求，在部分普通学校建立自闭症特教班，配备定向资金及特教教师，帮助轻度自闭症学生融入普通教育系统。

（4）建立专门的自闭症学校，将那些难以融入普通学校的学生纳入专门的自闭症教育系统。

4. 倡导融合教育，确保随班就读落到实处

在普通幼儿园、小学中有效导入并实施自闭症儿童融合教育，实现零拒绝入学，达到人人享有尊严与平等的目的，让自闭症儿童真正融入普通学校之中，这是融合教育的最高境界。政府应充分考虑自闭症儿童的教育需要，建议教育局与

残联合作，共同出台和完善针对自闭症儿童融合教育的政策制度，对在幼儿园进行融合教育、在普通学校随班就读的自闭症儿童的权益、资源、环境等方面的保障及准入资格审查等设置规定，为推进自闭症儿童融合教育提供保障。

5. 在幼儿园和学校设置资源教室，配备资源教师

由政府出资，在接纳自闭症儿童的幼儿园、中小学校设置支持性的资源教室，以满足个体化特殊需求。教育局应制定相关政策，监督普校切实落实资源教室及师资配置。要求接受自闭症儿童的学校必须设置专门的资源教室。

资源教室要基本设立办公／接待区、学习／训练区及教学资源区；具备基本的常规设备，包括桌椅、柜具、图书及教具资源；建立合理的管理系统，包括规章制度、活动日志、安全保障措施及对自闭症学生的服务项目等。

为资源教室配备资源教师，规定资源教室要设立 1~2 名专（兼）职资源教师，负责场室的使用安排与管理，指导随班就读教师在教学中落实个别化教学计划，提供各种专业咨询服务，组织教研活动及与家长沟通等。政府还可以出资购买专业性社会组织的自闭症儿童在校支持性服务项目；由教育局委托学校或家庭聘请具备自闭症专业知识与干预技能的工作人员，为自闭症儿童提供在校学习生活的无障碍环境；特教学校或者自闭症专业机构可提供督导教师入校进行巡回指导。

6. 加强康复师资培养，完善教师教育课程体系，加大教师培训投入

积极培养康复教育专业人才。自闭症学生的教育康复同普通教育或传统的特殊教育有很大的区别，从事这一工作的人员应具备医学、教育学、心理学的基础知识，并掌握各种干预方法的操作规范，而自闭症教育、康复方面的师资培训的缺乏，导致绝大部分教师是现学现教，这在很大程度上影响了自闭症学生教育康复的效果。具体的解决措施如下：

（1）完善相关自闭症教育教师的管理和培训制度。对从事自闭症教育的教师应有一定的学历和资质要求，从教师引进的"入口"把关，严格选择优秀的、经过特殊教育专业训练的教师，同时建立起定期进修、学习的制度，保证由理念先进、教育专业技能扎实、师德高尚的人从事教育工作，让自闭症学生真正接受到高质量的教育。

（2）组织专家或有经验的专业人员，对目前从事自闭症教育康复的人员进行统一的、系统的专业培训；由教育行政部门引导大学的相关系所或研究所，专门针对自闭症设置专业课程，加强相关知识的学习；教育行政部门还应牵头帮助

这些系所与自闭症康复机构建立联系，促进理论与实践的结合，培养实用型人才。

（3）以实施国家"特殊教育提升计划"为契机，鼓励相关高校开设自闭症康复教育专业，加大专业技能人才的培养力度。承担学前教育、小学教育教师培养工作的师范类高等院校，应按照法律法规开设自闭症教育相关课程，保证教师在职前培养过程中掌握相关的自闭症教育知识和技能，以满足自闭症儿童在普通幼儿园、中小学校接受教育的需要。

（4）加强对普通幼儿园、小学教师的专业培训。主管教师教育的部门应尽快将对普通幼儿园、小学教师进行自闭症专业知识技能的培训列入工作安排，有计划、有步骤地开展培训工作。组建由医生、特教教师、心理学者、融合教育先行者等组成的专家小组，整合资源，对普通幼儿园、小学教师进行系统的专题培训，在教育系统的视频资源（如大连教师网）中增加关于自闭症相关知识的学习资料，普及自闭症知识，提高教师对自闭症儿童的接纳度及教育干预技能，使他们愿意接纳自闭症儿童。同时，将自闭症基本知识及教育干预技能列入教师考核的范围。

（5）加强人才储备及调配工作。一方面，可以优化特殊教育人才的培养和聘用工作，为本地自闭症教育提供优质的人才储备；另一方面，可以设立自闭症资源教师援教中心，招聘若干掌握自闭症知识和自闭症行为干预、矫治技能的专业教师，作为资源教师，依据各学校对资源教师的需求进行调配，为在普通学校就学的自闭症学生提供服务。

（五）在公共制度建设中构建自闭症儿童医教结合保障体系

1. 加大资金支持力度，实现全方位、持续性和长期性的救助

（1）康复补助

提高金额，扩大范围，可以采取3~6岁患儿全面救助，6岁以上患儿重点救助的方式。政府或社会各界可以开展训练项目救助，即政府或社会捐资投入一定资金到3~4个项目中，对参加这些项目的自闭症儿童进行免费训练，这样既节约资金，又能惠及更多自闭症儿童。对6周岁以下的自闭症儿童，建议只要出具专科医院诊断证明，无须办理残疾证就可以申请补助。应将费用直接补助到家庭，内容包括康复训练费、康复效果评估费、训练教材、康复档案购置费、家长培训费、家庭指导费等。救助对象每年审核一次，一经确定不得随意变更。为保证康

复效果，原则上在年龄许可范围内可以给予连续资助。

（2）教育补助

制定免费教育政策，提高目前学前和小学教育阶段的资助金额，将初中、职业高中和普通高中的教育纳入资助范围，同时将自闭症儿童受教育所需的资源教师或陪读人员的费用考虑到其中。对于家庭困难的自闭症儿童，在享受免费教育的同时，还应享受家庭经济困难学生助学资助。采取"先免后补"的方式拨付资金，明确将资金直接划拨到幼儿园和学校，补助金额将由教育部门和学校间进行结算，不经由家长。

（3）医疗补助

2016年1月起，大连市将0~14岁城镇自闭症儿童进行康复、诊断评估及相关药物治疗等发生的医疗费用纳入了城镇居民医保统筹基金支付，门诊治疗不设起付标准，统筹支付比例为75%，年度最高支付限额为4800元，这显然是一个巨大的进步。建议今后逐渐提高补助额度，放宽年龄限制，使补助对象的范围能够覆盖城乡，惠及新农村合作医疗的儿童。

（4）制定对大龄和成年自闭症人群居家安养、日间照料与托养补助的政策

对年满18周岁的大龄自闭症患者家庭，应不考虑收入水平，全部纳入低保，并为照料或居家照顾者发放补贴。

2. 建立财产信托基金

自闭症人群的生存，尤其是父母去世后的生存，面临的最大需求就是"钱"。本次调查结果显示，家长多数都纠结于"自己过世后子女怎么办"，这反映了现实的无奈，另一方面也期待政府能解决这个群体的财产权保护和财产有效应用的问题。当自闭症患者的父母去世后，其生存如果只能依赖政府，不仅会给政府造成很大负担，也保证不了本人的生活质量，达不到家长的基本期望值。如果自闭症患者病情加重就更是雪上加霜。因此，绝大部分家长都在尽可能地积蓄资金，以便给孩子的未来提供保障，可是仅靠家长无法解决根本问题。政府组织应建立财产信托基金，结合实际情况，借鉴国外此类金融机构的运作模式，对资金进行管理，依靠社会专业机构进行监督和提供相应服务，对特殊人群提供康复教育、生活养护以及日后的养老服务，政府应充分鼓励民间机构、公益基金等社会组织积极参与，完善自闭症的医疗、康复教育和托养安置服务体系。

三、落实社会支援服务保障

（一）整合康复资源，提高康复专业性，加强机构管理，扶持机构发展

据不完全统计，大连市现有各类康复机构33所，均由家长或民间人士创办，尚无公立康复机构。民办训练机构的出现解决了很多自闭症儿童的康复训练问题，但由于多种因素的制约，民办训练机构的专业水平和服务能力非常有限。政府应积极扶持民办机构，给予其更好的社会生存发展环境，实现自闭症儿童家长资源、社会资源、国家资源的优势整合。具体措施如下：

1. 建立专业标准，规范管理

建议将民办机构纳入特殊教育体系内，从自闭症儿童教育的实际情况以及未来的发展需要出发，确定适合城市经济发展水平的自闭症儿童早期教育机构的基本条件和统一建设标准。如，机构的建制与规模、场地与校舍、设备与设施、经费与保障、管理人员与教师、教育内容与管理、奖励与惩罚等，在上述方面制订明确的量化要求与具体的发展指标，由专门机构进行考核监督、监察，对符合标准的发放从业资格证，对不符合要求的提出整改或予以取消，以保证自闭症儿童能够进入规范的康复机构接受教育。杜绝社会上出现一些不规范的、以盈利为目的的机构，防止自闭症儿童的身心发展再次受到伤害，也避免损害家长的利益。

2. 加强机构建设，出台自闭症服务机构的支持政策

遵循民办公助的原则，充分利用社会资源，对已有的民办机构给予业务上的支持和督导，鼓励和扶持具备一定规模的、康复效果较好的民办机构，并给予资金、场地、设施、人才培养等方面的补助或减免政策。

3. 为民办自闭症康复机构提供支持

公办特殊教育学校自闭症学生的学位不足，民办性质的自闭症康复机构承担了大连市自闭症儿童教育的主要任务。建议加大政府购买社会组织和民办机构服务的力度，扩大定点范围，利用部分财政拨款，以民办公助的形式降低训练费用。

4. 建立自闭症师资职称

机构教师既没有职称，也没有晋升空间，人才既难进，也难留。建议通过考核，把自闭症服务机构教师纳入特殊学校教师行列，建立自闭症师资职称，持证上岗。

5. 获取社会募捐支持

资金问题是机构在发展中受到制约的主要原因。短期内政府补助难以实现，

在此前提下，应发挥各个机构的主观能动作用，充分利用宣传手段，获取社会募捐支持。可以效仿美国一些私立机构的做法，通过举办一些公益性的宣传活动，引起社会人士和企业的关注及参与。

（二）重视社区康复，充分发挥其作用

自闭症患者的有效康复依赖于各类专业服务机构的存在和服务能力的提升。目前大连市的自闭症康复机构数量有限，且受专业人员缺乏、场地使用成本过高所限，总体运转状况较差，处于生存危机之中。同时，康复机构数量少，离自闭症患者的家庭居住地较远，造成了自闭症患者出行的不便。

虽然政府在每个社区都配备有康复站，但因为康复站缺乏功能细分，导致即使数量多、位置便利，却也难以为某一类型的障碍者提供专业服务；同时，社区缺乏专业康复人员，导致社区康复资源闲置，难以有效发挥作用。

建议市残联及各区残联根据自闭症人士分布情况，为他们提供管辖社区内的康复场地及其他设施，面向具有资质的社会组织进行招标，购买专业服务，并在政府的统筹监管下运营，这样既充分利用了社区资源，又能保障自闭症人士享受到专业、便利的社区服务。这种小而专的模式，可以在某种程度上缓解服务对象过多，而专业人员不足的窘境。

（三）明确自闭症残疾类别无障碍设施的内涵

作为残疾类别的一种，自闭症与其他残疾类别相同，也需要相应的融入社会的无障碍设施，应根据《大连市残疾人保障若干规定》第二十六条，将自闭症儿童受教育所需的资源教师或陪读人员、庇护性就业所需的就业指导人员等，在法律和政策中明确列为自闭症患者的无障碍设施，据此保障自闭症患者康复所需各项相关费用的合理合法列支。

通过在公共场所增设适合自闭症人士的视觉提示，如在派出所、医院等设置图片沟通系统，在学校设置数字化学习环境，在公共场所设置"静室""安静时段"等，对自闭症人士提供帮助，为其解决困难。

（四）加快建立和完善适合自闭症家长需求的社会支持模式

1. 协助建立和发展自闭症家长互助组织

家长既是自闭症儿童的终生养育者，又是重要的康复训练参与者。相关调查显示，自闭症儿童的家长自救意识和能力较强，家长资源有很多值得发掘之处，特别是有关育儿技巧及心路历程，对于新家长是宝贵的经验，家长间的交流和互动不但可以提升自闭症儿童康复教育的理念和技能，还能起到家长之间心理援助的作用。一方面，应构建系统性培训机制，利用科学知识和专业方法，实现家长自助及助人功能，为家长提供帮助和支持；另一方面，应依托现有的专业社会组织，为家长建立心理预警机制和成长体系，实施基本的心理辅导、经验分享、专业技能学习和社会倡导等，使家长能得到全方位的服务和关爱。

2. 建立家长信息和资源平台，满足家长获取资讯的需求

自闭症支援事业是一个社会系统的工程，需要各方面的信息支持，家长对信息的获取和利用程度直接关系到子女和家庭的发展。目前有关自闭症的信息基本是通过网络传播的，各种信息真假难辨，有效的资源难以聚集并发挥应有的作用。应建立专门的自闭症信息资源网，既有自闭症实时动态上报功能，又有权威信息筛选、发布和交流的功能，成为家长与社会交流、学习的平台，也成为社会资源和政策法规发布的平台。

3. 建立自闭症家长反映诉求和维权的渠道

自闭症家长现阶段反映诉求的主要渠道依次为残联、妇联、社区、民政和所在单位，政府角色有待加强。残联部门具有一定的基础，在自闭症康复事业方面可以发挥更大的作用。应进一步明确和加强政府相关部门在自闭症相关政策实施中的作用，如教育、卫生和民政等。通过人大、政协提案，听取、采纳家长意见和建议，将自闭症群体存在的问题纳入通过法规政策解决问题的渠道，在落实层面与政府部门建立联动机制。从家长的需求出发，政府、社会和家庭应扮演好各自的角色，倡导构建以政府为主导、社会资源和家庭自主行为相结合的支持模式。

（五）在公共文化中加强宣传，积极倡导，创建融合的社会环境

开放、包容的社会环境是自闭症儿童融入社会的必要条件，得到他人的接纳和尊重是自闭症儿童及其家庭成员的基本权利，但因为自闭症知识的普及度低、社会公众的接纳度差、媒体的错误引导等原因，自闭症儿童被认为是"精神病""危险人群"，这些不公正的看法和言论给自闭症儿童及其家人带来了巨大的心理压力，极大影响了他们的日常生活。自闭症儿童家长对社会的首要要求是"不歧视"——不要歧视他们的孩子、不要歧视他们的家庭，期望社会多一些宽容、多一些善意，希望社会对自闭症儿童和正常儿童一视同仁。因此，加大宣传力度，

第六章 搭建医教结合康复模式

营造无歧视、尊重关爱自闭症人群的社会氛围，为他们争取公正、公平的待遇，成为首先要解决的问题。应通过多种渠道进行宣传，弘扬扶残助弱的传统美德。残联、教育等相关部门应借助新闻媒体，通过开展宣传教育活动等让人们认识到：尊重关爱自闭症人群，给予他们所需要的服务和帮助，是一个社会文明程度高的体现；善待社会上的困难群体、弱势群体是我国的传统美德之一，也是国民具有较高道德修养的标志。通过多渠道、大范围的宣传，在社会上逐渐形成尊重、关爱自闭症人群的良好社会氛围。

网络、报纸、电视等新闻媒体作为宣传的重要媒介，在普及自闭症知识方面发挥了很大的作用。然而，一些媒体为了追求收视率或由于自身认识不足，往往扭曲了自闭症儿童和家庭的真实情况，加深了社会大众的误解。因此，监管部门须严格审查，规范媒体行为，保护自闭症儿童及其家庭的隐私。工商、医政部门应清理和查处自闭症治疗领域的虚假广告和欺诈行为，新闻媒体应对扰乱自闭症康复和教育市场的行为予以曝光，政府应倡导正面宣传，让社会大众看到"残"不等于"废"，只要给予自闭症儿童适当的教育和发展机会，他们也能和普通人一样自食其力，并为社会创造财富。在自闭症儿童的教育问题上，可更多地介绍他们在普通幼儿园、学校接受教育的成功案例，以增强普通幼儿园、学校教师接纳自闭症儿童的信心。同时，可以将"世界自闭症日"升级为"自闭症宣传关爱月"，每年发布宣传主题和口号，宣传部门和残联建立沟通机制，倡导机构、学校和相关专业人士深入社区、企业、事业单位和公共场所，正确宣传，传递科学理念，聚集正能量。

此外，应加强社会宣传和教育，提升公众参与意识。美国自闭症服务机构的发展之所以能获得众多的支持，与其自身宣传所发挥的积极作用是分不开的，如，出版刊物、公共宣讲、推广网站的宣传等。专业人员和学者作为社会中声望较高的群体，能够更有效地唤起社会公众对自闭症群体的关注，给予专业人士更多的话语权，让最新的自闭症研究成果呈现在社会大众面前，让社会大众更科学、客观地认识自闭症，消除他们的偏见和误解，提高社会意识和接纳程度，为自闭症患者创造更加和谐的生存环境，并通过捐款和志愿者活动来支持服务机构的发展。

第二节 组建团队，切实保证医教结合行而有效

医教结合是一个跨团队合作的过程，培智学校医教结合团队的组建主要涉及成员构成、工作制度与实施规范等方面的内容。首先，组建由特殊教育教师、临床医师和社会工作者或志愿者组成的跨专业团队，实施学生入学评估机制；其次，建立由特殊教育教师、临床医师和家长共同参与的协商机制，沟通特殊学生的生理情况、教学目标、生涯规划、教学方案、课程安排、家校有机配合等多方面工作；最后，建立医师定期参与教学的机制和定期评估教学成效的机制，并根据评估结果动态调整进一步的康复教学。由此可见，培智学校医教结合中的医疗康复与特殊教育是以共生共存为核心特质的"互摄"与"蕴含"关系。"互摄"是指医疗康复与特殊教育彼此摄入、相互促进的共生关系；"蕴含"则是指医疗康复与特殊教育连体存在、互相涵盖的共存关系。

组建团队是我校开展特殊学生医教结合工作的核心环节之一。2007年，我校与大连大学附属中山医院建立了合作关系，聘请了医学博士、儿童精神科领域专家为我校的医学顾问。而后，我们又积极与辽宁师范大学教育学院特殊教育系的教授建立起支持关系，对我校医教结合的康复模式进行指导。专业队伍的组建极大推动了我校医教结合工作的高质、高效开展，经过多年的探索与实践，我校在医教结合教师团队建设、课程实施与资源开发上均有所突破。

一、打造医教结合的专业化师资队伍

特殊教育工作者需要具备的不仅仅是爱心，还应具备一定的专业知识与教育康复技能。我校通过主题性校本教研、网络教师学习论坛、教师职业导航等途径，为教师、家长进行医疗康复操作的培训。在多名专业医生的指导下，我们先后组织教师学习了太田阶段认知疗法、箱庭疗法、ABA（应用行为分析）疗法、韦氏智力测验、比内测验、C-PEP（发育障碍儿童心理教育评量表）评估以及PEP-3（自闭症儿童教育评量表第三版）评估等专业知识，并为全校200余名学生进行了智力、行为检测和全面的身体检查。应用香港协康会最新版的PEP-3对50余名孤独症儿童进行评估，制订了教育康复方案；与社区医院开展牙齿保健、牙科义诊等多种活动。此外，学校还开设了心理评估室，为在校的每个学生建立智力、心理测评和发展档案，记录学生的变化历程。为开阔国际视野，我校分别与英国北

林肯郡圣哈格特教学校、日本美谷协会、香港匡智张玉琼晨辉学校、上海长宁区初级职业技术学校等多个国内外特殊学校结成友好学校，长期通过电话、邮件、互访等方式进行交流与研讨。学校还多次选派专业教师到北京、天津、上海、广州、重庆等地进行孤独症儿童康复教育、脑瘫儿童动作康复训练、奥尔夫音乐治疗、听觉统合、感觉统合等专业技能的培训。大量的学习和实践提升了我校教师的专业化水平。

二、实施医教结合理念下的课程

学校始终追求更高的专业目标，利用学校现有专业人才和设施设备设计出了符合我校校情的康复训练课程模式，分别以心理健康、认知训练、语言训练、肢体技能训练为主。

（一）早期干预的课程模式

早期干预的课程模式主要包括认知、语言、感觉统合、音乐治疗、绘画与手工、生活自理、体育康复、游戏等几个学科；分别采用集体教学、小组教学和一对一教学的授课模式，为每个学生量身定制个别化教育方案。个别化康复训练通过感知、认知、沟通、精细、粗大、生活自理和社会技能七大领域以及情绪与行为干预，对学生进行康复教育，每天一节课，每节课30分钟。集体康复课和小组课每天3课时，以学生的生理能力发展为基础，将康复目标和学科目标有机结合，既关注学生学科知识的获得，也关注其基本能力的提升，真正达到标本兼治的目的。

（二）九年义务教育课程设置

我校的九年制义务教育课程设置分为一般性课程、选择性课程和活动性课程三部分，遵循以生活为核心的思路。一般性课程体现对学生素质的最基本要求，着眼于学生适应生活、适应社会的基本需求，约占课程比率的70%~80%；选择性课程着眼于学生的个别化发展需要，注重学生的潜能开发和缺陷补偿，体现了学生发展差异的弹性要求，约占课程比率的20%~30%。

（三）职业教育课程设置

我校的职业教育课程包括生活课、专业课、实践课和心理健康课，其结构是个别化的，每个智障学生都是以目标的形式来设定课程，在实施时每个学生的不同目标会被融入各个具体的课程中。学生在校的两年职业教育中，可以同时选择不同的专业课进行学习，如面点、营业员、烹饪、缝纫、软陶、餐饮服务、客房服务、刷车等。学生完成职业知识技能学习后，由学校联系实习单位和工作单位，帮助学生成功走上就业之路。

为了对学生进行更好的康复教育，学校还建立了奥尔夫音乐教室、言语治疗室、多感官教室、蒙台梭利教室、心理干预室、沙疗室等，购置了脑电波治疗仪、认知操作系统、视听统合治疗仪、启慧博士等二十余个专业康复训练设施和教学软件。学校先后开展了《感觉统合训练对智障儿童注意力影响的研究》《自闭症儿童康复训练与教育研究》《培智学校有效教学策略的实践研究》《自闭症儿童认知能力培养的研究》四个省级课题和一个国家级课题《智障学生青春期性知识和性心理教育》。先进的教育教学理论、科学合理的课程设置与现代化的教学设施相结合，共同促成了教育与康复相结合的办学模式的有效运行。

我校在践行医教结合康复模式的过程中进行了多维的探索与辩证的思考，最终达成共识：医教结合康复模式改变了原有的以文化知识传授为核心的培智学校教育实践取向，打破了学科间固有的壁垒，积极寻求学科间的有机联系并将其与特殊学生的实际需求进行全新的、系统化的整合，致力于为特殊学生提供康复与教育齐头并进的综合教育服务。在此共识的引导下，我们真正进入了医教结合进课堂、医教结合入个案的行动阶段。十余年下来，我校医教结合背景下的个案数量不断增加，质量也在不断提高，无数学生从医教结合的实践中受益。下面，以个案的形式分享一个我校教师在医教结合康复模式引领下的康复教学实践。

案例：
医教结合理念下言语的康复训练
《宁宁奇遇记》

课 型	个别化言语康复训练课	主讲人	马赫男

一、训练对象基本情况

宁宁为唐氏综合征儿童，男，10岁。除智力障碍外其他方面并无显著异常。言语方面，构音清晰度为59%，明显低于同年龄儿童的平均发展水平。已习得第一、二阶段声母：/b/、/m/、/d/、/h/、/p/、/t/、/g/、/k/、/n/，在第三阶段声母中 /l/、/q/、/x/ 发音不清晰，并未完全习得。

（续表）

二、训练目标	
1. 正确发出 /q/ 的本音。 2. 正确表达带有 /q/ 的单音节词（七）、双音节词（七个、骑马、奇怪）。 3. 尝试表达带有 /q/ 音的三音节词（冰淇淋）。 4. 在应用带有 /q/ 音的字词、句子时能够发音准确，提高语言能力。	
三、训练内容	设计意图
1. 听觉识别训练：/q/ 无擦音的识别训练。	排除听的因素造成的构音不清。
2. 言语训练：学习 /q/ 的发音部位和发音方式，学习音节 /qi/ 的单音节词"七"，双音节词"七个""骑马""奇怪"。	习得 /q/ 的单音节、双音节词。
3. 语言训练：尝试理解问句"几个？""做什么？"并做出回答。	理解短句，强化目标词在句子中的运用。
四、训练过程	设计意图
（一）前测 1. /qi/ 听说"七"。 2. /qige/ 听说"七个"。 3. /qima/ 听说"骑马"。 4. /qiguai/ 听说"奇怪"。	以复述的形式测试目标词的清晰度。
（二）听觉识别训练 听一听，指一指：七—梯、钱—田	排除听的因素造成的构音不清。

（续表）

（三）舌部促进治疗 1.舌部灵活度训练 诱导舌部上下左右运动。 注意事项：运动过程注意速度。 2.舌前部上抬训练 注意事项：不要用头部动作替代舌部动作。 3.舌前部抵抗训练 注意事项：不要用头部动作替代舌部动作。 语言引导情感体验：这里还有一支棒棒糖，宁宁想给谁呢？想给这么多人啊？想给妹妹，因为宁宁作为大哥哥要关心、关爱妹妹，有好的东西要和自己的妹妹分享！ （四）音位诱导 1.感受发音部位 采用食物疗法，选择学生喜爱的酸奶、果酱等食物，分别放在舌前部，如用饼干摩擦舌前部、上齿龈，指导学生感受食物的位置，用舌前部接触上齿龈，感知正确发音部位。 语言引导情感体验：我们还有这么多酸奶，你想分享给谁呢？（出示家人照片）想把这些好吃的和全家人分享啊！因为爸爸妈妈、爷爷奶奶平时照顾你，所以我们要学会感恩，有了好吃的，要想到和这些平时爱你、照顾	创设情景，设计宁宁奇遇记的情境作为训练情景，让学生在奇遇寻宝过程中找到棒棒糖，用棒棒糖替代压舌板，进行舌部前伸后缩交替运动训练、舌前部上抬训练以及抵抗训练，增加舌肌力。 运用食物疗法使学生掌握发音部位。

（续表）

你的家人分享。 2. 诱导 /ɑ/ 本音 通过解释特征、教师演示等方法使学生明确发音部位、诱导其发音。舌面前部接触硬腭前部，然后松开舌面前部，形成一道窄缝，气流从舌面前部和硬腭前部之间的缝隙中挤出，摩擦成声，声带不震动，气流较强。 （五）音位习得 学说并理解词语"七""七个""骑马""奇怪""冰淇淋"。 这有一所房子！想不想进去看看？正确读出密码才可以进去，密码是777。打开房间后，这里有几张床？几把椅子？几张桌子？几个杯子？所有的物品都有七个。这个时候听到一个声音：嗒嗒嗒嗒，呀！你猜猜是什么声音？是有人骑马的声音。小公主出门一看，有几个小矮人？七个。他们长得很奇怪：每个人都很矮，但穿着很整齐，有一名小矮人还穿了一条连衣裙，吃着冰淇淋。 （六）语言训练 理解问句并做出回答。 内容：我们今天的森林探险就先到这里。现在我们稍微休息一会儿，欣赏一下照片。 这张照片里，你在做什么？	通过设置情境，在情境故事中进行问答，强化 /ɑ/ 运动发音。 结合生活图片，帮助学生理解词语和问答，强化目标词的发音。 采用问答形式监测训练效果，并给予评价奖励。

（续表）

这张照片里，老师在做什么？ （七）后测 七、七个、骑马、奇怪。 （八）小结 咱们这节课先到这里。今天我们一起找到了很多宝藏，找到了棒棒糖，想和妹妹分享，关心关爱妹妹；找到了酸奶，想和平时照顾你的家人们分享，我们学会了感恩；找到了气球，想和小二班的所有小朋友分享，宁宁懂得了要和同学们友爱、团结。真棒！今天我们找到了两盒饼干，一盒分享给妹妹，另外一盒想跟谁分享呢？在座的许多客人老师和马老师一样，很关心宁宁，特意来看你，我们拿出一些饼干来招待客人，感谢他们对你的关爱，好吗？那你自己拿几块饼干分享给老师们吧！	
五、家庭作业	设计意图
在家中，点数时练习说七个，巩固 /q/ 的发音。	利用生活场景强化构音，让家长多与孩子互动。

医教结合是新培智学校教育观下精细化教学的有效实施途径。随着培智学生身心障碍的多重化与严重化，单一的教育手段难以完全满足部分学生的全部发展需求，而医教结合的模式恰巧能弥补这一不足，通过医学和教育学的共同努力，可以更有针对性地促成学生的全面发展。